# おはようから
# おやすみまでの科学

佐倉統／古田ゆかり
Sakura Osamu　Furuta Yukari

JN275751

★──ちくまプリマー新書
038

# 目次 ＊ Contents

イラストレーション　樋口たつの

# まえがき

みなさんはさっきの御飯《ごはん》に何を食べましたか？　お米のごはんでしょうか、それともパン、パスタ、おそばなどでしょうか。何を食べたにせよ、その食材が生産地からみなさんの胃袋に入るまでには、ものすごくたくさんの人手と手間と、そして技術が使われています。別に食事に限ったことではありません。みなさんが今読んでいるこの本も、デジタル技術やインクなど、さまざまな技術が結集されています。

わたしたちの生活は、科学技術の上に乗っています。科学技術なしには、ほとんど何もできません。でも、今の科学技術は、DNAや素粒子《そりゅうし》など、目に見えない小さなものを扱《あつか》ったり、宇宙の果てを調べたり、どうもわたしたちの日常生活からは遠く離《はな》れた問題ばかり扱っているような気もします。お米の種類が違《ちが》うと何が違うのか、毎日使っている水道の水はどこから来てどう処理されているのか、そして、そもそも「私」って何なのか――毎日の生活と科学技術のつながりは、いたるところにたくさんあります。なのにわたしたちは、何一つそんなことを考えずに暮らしています。

この本は、みなさんの日々の生活と科学技術とのつながりを、もう一度考え直すためのものです。

考えなくてもいいんだから、わざわざ考え直さなくてもいいじゃないか——そういう人もいるかもしれません。でも、わたしたちはそうは思いません。生活の中の科学技術についてよく考えてみることで、みなさんの生活がより豊かに、より快適に、そしてより安全になると思うからです。科学技術について考えることは、みなさんが自分の生活について、人生について、未来について、考えることにほかならないのです。

わたしたちは、三年前から、「リビング・サイエンス」という考えかたをよりどころにして、生活と科学技術の関係を見直すための活動をしてきました。この本は、その活動の、いってみれば中間レポートのようなものです。まだまだ、考えなくてはいけないところ、調べなくてはいけないところ、そして変えていかなければいけないところがたくさんあります。でも、とりあえず、今の段階でわたしたちが思っていることをみなさんに知ってもらいたい、そしてみなさんも科学技術と生活の関係について、一緒《いっしょ》に考えてもらいたい、そんな思いを込《こ》めて、この本を作りました（わたしたちの詳《くわ》しい活動については、巻末を御参照ください）。

この本は、わたしたち「リビング・サイエンス・ラボ」の活動成果です。実際の執筆《しっぴつ》や調査の多くは、古田ゆかりさんが担当しました。全体の監修《かんしゅう》や一部の執筆は、佐倉統《さくらおさむ》が担当しました。そのほか、上田昌文《あきふみ》さんや町野弘明《ひろあき》さんをはじめとするラボのメンバーには、随時《ずいじ》意見を聞いたりディスカッションに参加してもらいました。古田さんのお書きになった初稿《しょこう》をもとに、佐倉やラボの全員であーでもない、こーでもないと議論を重ね、書き直し、削《けず》り、追加し、いろいろやって、ようやくできたのがこの本の内容です。その意味で、共同作業の産物なのですが、本文の執筆を古田さんが中心になって進めたこともあり、古田さんの目線からの書き方になっています。文中に「わたし」という一人称がしばしば登場します。実際、その多くは古田さん自身の経験だったり、感想だったりします。ですが、中身や意見の全体は、あくまでも佐倉をはじめとするリビング・サイエンス・ラボの総意だとお考えください。

では、科学技術について考える旅に、一緒に出かけましょう。遠くに行く必要はあり

ません。みなさんの、今の身の回りを、ぐるっと見回してください。ほら、この本は、
そこから始まります。

佐倉　統

# 第1章　身の回りの「便利」から考える

## 「木の実を採って食べてる」

「故郷ではおやじさん、なにやってんの？」

定食屋のおじさんは、カウンターの中から彼《かれ》に聞きました。四八〇円の豚肉《ぶたにく》のショウガ焼き定食を食べながら、彼はこう答えました。

「なにも、していない」

パプアニューギニアから来た彼は、当時、国費留学生として工学部の大学院に在籍《ざいせき》していました。そしてときどき、大学の近くにある小さな定食屋で食事をするうちに、店のおじさんともことばを交《か》わすようになったころのできごとです。

それは、一九八〇年代前半。留学生の父親がなにもやっていないとは、にわかに信じがたいことでした。そしておじさんは続けました。

「なにもしていないって言ったって、どうやって食ってんの？」

ややストレートすぎる聞き方ではありますが、横にいたわたしもぜひ聞きたい質問だったのです。

すると彼は、こう答えました。

「木の実を採って食べてる」

## 食べ物はどこから？

迫力《はくりょく》のある答えでした。高度経済成長期の都市部で育ったわたしだけではなく、一九八〇年代の日本人の中にこんな返答ができる人はほとんどいなかったと思います。

「食べている」とは、「食生活を支えている」すなわち「生活の糧《かて》」を指しています。わたしたちが暮らしている日本では、都市はもちろん、農村などにおいても、自然の中から食べ物を採集する食生活を主としている人はほとんどいないのではないでしょうか。

自然から食べ物を採取する機会は、せいぜい山菜採りとか、釣《つ》りなど。それらは、食べるものを採るためというより、むしろ行為《こうい》そのものを楽しむ「レジャー」と位置づけるのが自然です。そのプラスα《アルファ》として手に入れた物を食べる。レジャーである「採集」行為は、それ自体が食生活や命を支えるものにはなり得ません。

たとえば、いくら魚釣りが好きだといっても、「今日《きょう》一匹《ぴき》も魚が釣れなかったら食べるものがない」などという切羽詰《せっぱつ》まった状況《じょうきょう》の人などいるでしょうか？　山菜採りやキノコ狩《が》りにしても、「食べたら死ぬかもしれない」という心配はあっても、「採れなかったら一家が飢《う》える」という危機と直面しているでしょうか？

わたしたちは、おなかがすいたら食べ物を買うことができます。自分で採ったり、栽《さい》培《ばい》したりしなくても、他の人が作った食材や料理を買って食べられるのですから、採れなくてもなんとかなります。彼とおじさんの、あの短い会話が忘れられないのは、発展途上《とじょう》の国に対する一種の珍《めずら》しさや「未開」といったイメージではなく、「木の実を採って食べている」と言ったその背後に、彼らの「実力」を感じたからでした。買うという行為なしにコンスタントに食べ物を調達し自分や家族を生かすことができ、安全な食べ物かどうかを見分ける力もあり、食べ物となる植物が来年もその翌年も、同じように実るような食べ方を知っている……。

ただ素朴《そぼく》で珍しいという以上に、彼の家族の生活は、自分の力で食べ物を手にし、自然を理解する力があり、命を守る力も持っているという、「生命」の迫力が存在していました。同時にわたしは、自分の中の「未開」と対峙《たいじ》せずにはいられませんでした。

## 便利さを運んでくれる無意識の「システム」

こう考えると、自分の中の「未開のありか」は食べ物だけではないことに気づきます。家の作り方、衣服の作り方、最近では料理の仕方を知らなくても大丈夫《だいじょうぶ》。どれも、「ほかの人」がやってくれるという社会のシステムがあるからです。木の実を自分で採って食べる彼らとの違《ちが》いは歴然。ひと言で言うと、便利なわけです。

そのシステムが、いかにわたしたちの暮らしを便利にしているのかということなど、当たり前すぎて実感できなくなっているほどです。水は蛇口《じゃぐち》をひねれば好きなだけ出てきます。暗くなればスイッチ一つで明るく灯《とも》すことができ、寒ければ暖房《だんぼう》、暑ければ冷房。暮らしを支えている「便利」は、数え上げたらきりがありません。

しかし、多くの人や技術に支えられているとはいえ、自分の手を使ってしなければならないこともたくさんあります。まったくなにもせずに、食べ物が目の前に現れたり、家の中が片づいたり、健康を保ったり、毎日清潔な服が着られるわけでは決してありません。食料はスーパーなどで手に入りますが、買い物に出かけて荷物を家まで運ばなければならないように、生活を整えるのはわたしたち自身です。

家事には時間も手間もかかりますし、しかも、毎日しなければならないことです。今の暮らしが、人類史上例をみない便利さに囲まれているとはいえ、それは、大昔に比べれば楽になったということであって、毎日の生活実感をいちいち昔の人と比べたりはしません。だからこそ思うのです。「ああ、生活の雑事を全部自動でやってくれる機械があったら……」と。

## 短命な、全自動洗濯機《せんたくき》の輝《かがや》き

「全自動洗濯機」が発売されたのは、一九六五年のことでした。そう聞くと、「えっ、そんなに昔のことかなあ」と思います。わたしの実感では、周りの人たちが全自動洗濯機を使うという話を聞くようになったのは、一九九〇年ごろからと記憶《きおく》しています。

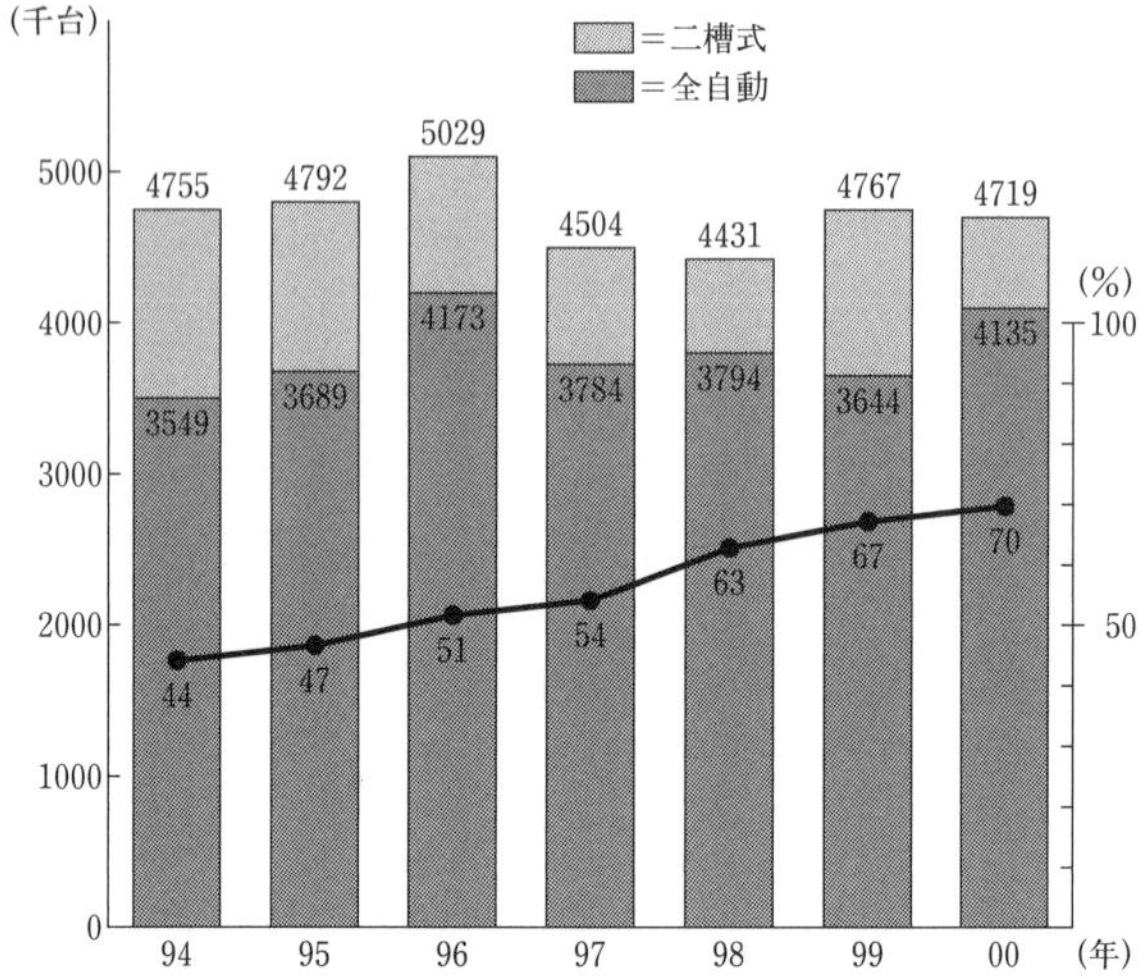


図1　洗濯機総需要推移（棒グラフ、左目盛り）と普及率（折れ線グラフ、右目盛り）
〔出典；藤井裕幸「家電製品の最近の動向――電気洗濯機3」（日本電機工業会発行「電機」2002年4月号）〕

普及率《ふきゅうりつ》の数字がその記憶を裏付けてくれます（図1）。一九八六年の全自動洗濯機の普及率は、一八％。発売から二〇年たっても二〇％に届いていませんでした。それが五〇％を超《こ》えたのは、さらに一〇年後の一九九六年のことで、現在（二〇〇六年）では、八〇％を超えています。

全自動洗濯機を買い、はじめて使ったときは、「世の中にこんなに便利な機械があるのか！」とばかりに感動しました。

ただの「自動」ではなく「全自動」ですから。洗濯槽《せんたくそう》と脱水槽《だっすいそう》が分かれていたそれまでの二槽式洗濯機とついつい比較《ひかく》してしまいます。二槽式洗濯機では、洗濯槽で洗い、脱水槽に移して脱水し、すすぎのためにふたたび洗濯槽へと、数分ごとに洗濯物を行き来させなければなりません。放っておこうものなら、洗濯物はいつまでも石けん液の中をゆらゆらと漂《ただよ》っているだけです。これでは洗濯になりません。水道の栓《せん》の開け閉めも自分で管理しなければなりませんから、洗濯の間うっかり洗濯機のそばを離《はな》れることもできません。

それに比べて、なんと言っても全自動です。洗濯物を放《ほう》り込《こ》んで洗剤《せんざい》を入れ、スイッチをセットすれば、次に洗濯機のそばに来るのは洗い上がった合図のあと。数十分は、別のことに集中できます。全自動の底力に感心するとともに、洗濯中の時間が有効に使えて、うれしかったものでした。

かつて「自動」は生活における技術の進歩を象徴《しょうちょう》するキーワードとして、無条件に輝いていました。

自動ドア、自動販売機《はんばいき》、自動巻き腕時計《うでどけい》、自動変速装置、自動改札機、自動現金支払《しはらい》

機《き》……。最近では、わざわざ「自動」と言わずとも、自動式の機械が増えています。オフィスビルなどでよく見かけるのは、利用頻度《ひんど》の低いトイレや廊下《ろうか》、エスカレーターなどで、人を察知すると「自動的」に明かりがついたり、作動したりする装置。自動は、わかりやすい技術の成果としてわたしたちの手間を減らすことに貢献《こうけん》し、これらを受け入れたわたしたちは、ひとりでに動く機械にちょっと未来的なイメージと先進的な優越《ゆうえつ》感《かん》を感じてもいました。その「自動」の代表選手として登場した全自動洗濯機は、家事に大いに貢献してくれました。

ところが……、その感動も、ありがたみもつかの間のことだったのです。

「そこまでやってくれるのなら、もっともっと楽をしたい」

全自動といっても、スイッチを入れ洗濯が終了《しゅうりょう》すればそれで洗濯が完結するわけではありません。洗濯物を干し、乾《かわ》いた洗濯物を取り込むという手間をめんどうと感じるようになっていきました。「いっそのこと、たたんでタンスにしまってくれたら……。だって全自動なんだから……」などと、乾いた洗濯物を見るたびに思うようになりました。いささか極端《きょくたん》な望みとは思いつつも、さらなる「便利」を求めるのは自然なことです。

わたしは、二槽式洗濯機で洗濯槽と脱水槽の間で洗濯物を往復させたことなど、すっかり忘れていました。最近では、干すところまでやってくれる乾燥《かんそう》機能つきの洗濯機も出てきましたが、この便利さもやがてあたりまえのものになってしまうのでしょうか。

なんとも勝手なものですね。でもこれは、人間が持っている「便利さ」に対する共通の心の動きなのかもしれません。ある家電メーカーの開発者は、新製品のセールスポイントとして取《と》り扱《あつか》いやメンテナンスが簡単であることを強調すると、ユーザーからは「もっと簡単なものがほしい」という感想が返ってくると話していました。どこまでも簡単に、どこまでも便利に。もっと楽に、もっと速く、もっと正確に、もっとたくさん、もっときれいに……。

わたしたちがこのような「もっと」を持っているために、便利さはすぐに「インフレ」を起こします。便利なも

のが増えたり便利さに慣れたりすることで、便利さの価値が相対的に下がっていくのです。そして、意外と底の浅かった「自動の底力」にちょっと失望し、全自動洗濯機による洗濯は「軽減された家事」ではなく、「ふつうの家事」へと格下げされました。そしてはじめて手にしたときの目の覚めるような驚《おどろ》きやうれしさは、「全部が自動じゃない全自動洗濯機」への不満、もしくはあきらめへと姿を変えていきました。

## 輝きのインフレ

新しい機械を手に入れて感動と落胆《らくたん》を繰《く》り返《かえ》す。みなさんにも覚えがありませんか。かつて、家庭に普及し始めたころの電話機は、留守番《るすばん》機能も、発信元表示も、リダイヤルも短縮ダイヤルも、ファクスもなく、もちろん写真を撮《と》ることも、画像を送ることもできませんでした。色はまっ黒。ダイヤル式です。それでも、はじめて電話を設置した人々は、「なんと便利な機械だろう」と思ったことでしょう。それが今ではどうでしょうか。「懐《なつ》かしいけど不便な機械」です。よほどの風流人か、趣味《しゅみ》的《てき》な意味合いがなければ、黒電話を使う理由はありませんし、回線は、高速で巨大《きょだい》な情報を処理することが求められるインターネットなど現在の通信事情にも合わなくなっています。携帯《けいたい》電話の普及は、持ち運べない固定電話を「ふつう」から「不便」に降格させました。

カメラも、デジタル式が登場し、かつてフィルム式の「写真機」をはじめて手に入れたときのうれしさは遠くかすんでしまいました。

わたしが子どものころ、新幹線は「夢の超特急《ちょうとっきゅう》」というキャッチフレーズをそのまま信じていました。世界に誇《ほこ》るスピードを持った「夢の」列車と言われましたし、今でも世界でトップレベルの鉄道技術です。名前もよかった。あこがれを込めて、

「あ、『ひかり』だ！　今度は『こだま』がくるよ」

と指さしたものです。

その憧憬《しょうけい》は、数十年を経てこんな表現に変わりました。

「こだま？　あ、各駅停車ね」

愕然《がくぜん》としました。「夢の超特急の各駅停車化」は、新しく、すばらしく、歓喜《かんき》に満ちて迎《むか》えられた科学技術が、聞き慣れ、見慣れ、使い慣れるに従って輝きを失い、「フツ

ーの技術」になっていく様子をよく表しています。便利な機器が並ぶ平坦《へいたん》な大地の上で「便利さ」というきわだった輝きが薄《うす》れていってしまっているようです。

## 自分の中にある〝技術〟と〝やる気〟

いくら洗濯のすべてを機械に任せたいからといっても、洗濯した衣類を着用して汚《よご》すところまで、「全自動」にお任せしたいとは思いません。なんだか変なことを言うな、と思われるかもしれませんね。自動の機械を求めたとしても、逆にすべてが自動になってしまうことの味気なさが生まれることもあります。

「便利」というのは、ほんの少しの動作で用事がすみ、思い通りの結果に変化すること、自分が行った動作に対して得られる結果が非常に大きいことです。ボタンひとつ、かけ声ひとつ、ハンドルとアクセルを操作するだけで、何百キロも移動できる、お金をやりとりするだけで食べ物が手に入る、力仕事や細かい手仕事をしなくてよい……。そんなことが「便利」の魅力《みりょく》です。ものごとが変化していく過程をじっと見たり、変化の度合いをコントロールする必要はなくなります。過程がどのようなものか知らなくてもすんでしまい、たとえ知ったところで、自分の意志を生かしたり、工夫《くふう》する余地を見つけるなど、自ら影響《えいきょう》を及《およ》ぼすことができない場合も多くあります。

自動を歓迎《かんげい》しながらも、一方でわたしたちは頭を使って考えたり、手を使って工夫してものを作り上げることを楽しいと感じる力を持っています。

現在のわたしたちが趣味として行っていることの中には、昔の人たちが生活のための生業《なりわい》として行っていたことが少なくありません。釣りやキャンプ、カヌーなどのアウトドア・レジャー、キノコ狩り、木の実拾い、日曜大工、陶芸《とうげい》や板金《ばんきん》なども生活するために必須《ひっす》の作業。その中から環境《かんきょう》を整えたり道具を作る技術が生み出されました。縫《ぬ》い物《もの》や編み物やパッチワークは、寒さや危険から身を守る衣服を作るのに必要でした。「アウトドア・レジャー」ということばがあるのは、世界中でも限られた国だけだそうです。アウトドアを「レジャー」として位置づけることができるのは、あまりにも便利さが進んでしまっていることを表しています。そして同時に、生活に手間をかけたり自分で工夫したりするのは楽しいことなのだと教えてくれているようにも思います。

もっともっと便利にと「多くの自動化」を求めても、やがてそのありがたみが薄れたり、味気なさを感じることもあります。自動化して楽をしたいというのも生活や未来を作っていくことのひとつですが、自動だけじゃつまらない、と考えるのも、未来のひとつです。また、便利さをお金で買うのもひとつの選択《せんたく》ですが、できるだけ多くの工程を自分の手で行うこともまた、創造的で楽しい仕事です。

## 買った「手作り味噌《みそ》」は、手作りか？

そのことをあらためて実感したのは、はじめて自分で味噌を仕込んだときでした。

それまでのわたしは、味噌といったらパックに入ってお店の棚《たな》にあるもので、自分で作るなど考えたこともありませんでした。味噌作りのプロセスはわたしにとって「ブラックボックス」も同然でした。

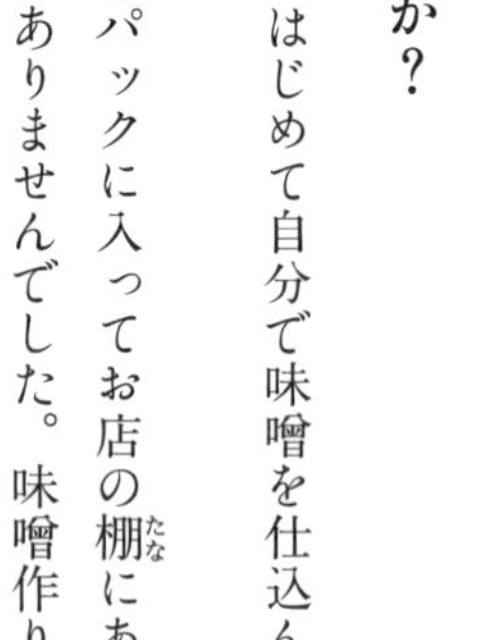

周囲にちらほらと味噌作りの楽しさを語ってくれる友人が出てきても、わたしにはもうひとつ、味噌作りをしなくてよい理由がありました。親戚《しんせき》が自家製の大豆《だいず》を使って仕

込んでいる味噌を、手に入れることができたからです。しかもそれは、正真正銘《しょうめい》の「手作り味噌」。いくら味噌を手作りすることが楽しくても、自分で仕込む合理的動機はなかったのです。さらにかくも味噌作りの経験のないわたしは、自分で仕込むのはとてもたいへんなことで、よほど慣れていないとうまくできないだろうと漠然《ばくぜん》と思ってもいました。

そんな事情が変わったのは、ある年の暮れ、十年来の友人から声をかけられたことがきっかけでした。

「こんど、みんなで味噌作り講習会をやるけど、参加しない?」

ちょうど、発酵《はっこう》食品に興味を持ち始めていたころでもあり、ぬか漬《づ》けを作ったり、小さな瓶《びん》でお酒を仕込んだり、自家製の酵母を使ってパンを焼いたりしていたので、講習会のような場なら気軽にトライできるかもしれないという気持ちになったのです。

さて、教えてもらいながら味噌を仕込んだ感想は……? 拍子抜《ひょうしぬ》けするほど単純でした。味噌の素材は、大豆、塩、米麹《こめこうじ》、麦麹です。麦麹を使わず米麹だけで仕込むこともあるそうです。手順もいたって単純です。大豆をゆでてつぶし、米麹、麦麹と塩を混ぜ、殺菌《さっきん》した容器に詰めます。

あとは、麹菌がせっせと働いてくれて、人間がすることと言えば、食べるだけです。

余談ですが、日本の調味料は、醤油《しょうゆ》も、酢《す》も、酒も、砂糖以外は米と塩と大豆と水だけでできているという単純明快な事実を知ったことも新たな発見でした。

たいへんそうだと思っていた作業が単純だったことには驚きましたが、よく考えてみたら、技術的にむずかしいはずはないのです。昔は、どこの家でも味噌を作っていました。大豆は比較的どこにでも育つ植物で、田んぼの脇《わき》のあぜ道の小さなスペースに大豆を蒔《ま》いておけば、季節がめぐって収穫《しゅうかく》できました。この大豆を使って、それぞれの家で味噌を仕込み、タンパク源として家族の食卓《しょくたく》に上っていました。現在のわたしたちは、味噌を「調味料」として位置づけていますが、見方を変えると「大豆の保存食品」です。大豆は乾燥《かんそう》して保存できますが、乾燥豆は調理するのに手間がかかります。一晩水に浸《ひた》して、軟《やわ》らかく煮《に》るのにも時間がかかり、そのぶん燃料も消費します。一度煮てしまったら日持ちしません。それに比べて味噌なら、すぐに食べられ、保存性がよく、とても便利な食べ物なのです。

多くの家庭では、四斗樽《しとだる》で四～五本仕込んでいたそうです（一斗は一八リットル）。大量の大豆を煮て味噌を仕込むことは年中行事となっていたそうで、近所の人たちと共同で、味噌を仕込む文化を持っている地域もありました。（農山漁村文化協会編『聞き書ふるさとの家庭料理第16巻　味噌　豆腐《とうふ》　納豆《なっとう》』）

「手前味噌」ということばがあります。自分のものを自慢《じまん》する意味で使われますが、もともとは、自分の家で作った味噌が一番うまいと自慢することから生まれたことばです。わたしの味噌も、夏を越《こ》えるころになると、風味豊かな豆の深い味わいがなんともいえないできばえとなりました。「ああ、これぞ手前味噌」。だれが作っても、どんな地方で作ってもおいしくできるものなんだということが実感できたと同時に、味噌作りはすばらしい調理法だと思わずにはいられませんでした。これらはすべて、自分で作ったからこそ実感したことでした。

この体験によって味噌作りは「ブラックボックス」ではなくなりました。

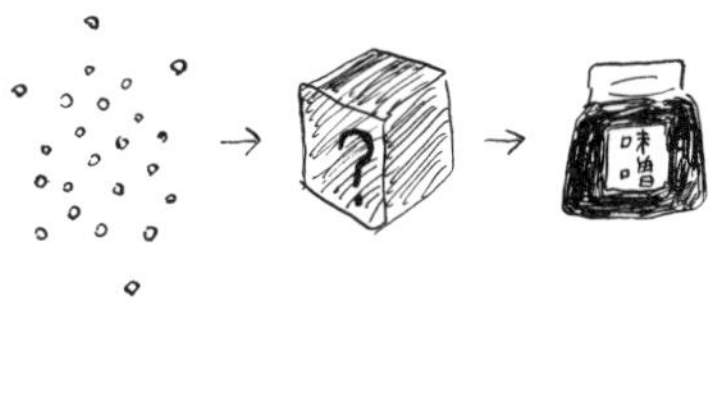

## 味噌に黒い斑点《はんてん》が……

ところが、その「ブラックボックス」は、まだまだすべて明るく照らされたわけではありませんでした。

それは、完成する前の出来事でした。うまいこと熟成して、美味《おい》しくなってくれるまで約九カ月。翌年の秋には「美味しい味噌」ができると思うとなんだかわくわくします。

「麹菌、あとはよろしく」。ところが……。

五月に入ると秋が待ちきれなくなってきました。塩もなじんできたころだろう、多少塩辛《しおから》くたってそこそこ発酵は進んでいるだろうし、それなりに味噌らしくなっているに違いない。いやきっとなっている……。おそるおそるふたを開けてみたのです。すると……。

味噌の表面に、黒っぽい斑点が五、六カ所あるではありませんか。

「な、なんなんだこりゃ？」とたんに不安になりました。

「もしやカビ？」その可能性は高そうです。ちょっと泣けてきます。

黒いところをスプーンですくい、そうっとにおいをかいでみました。頭をよぎったのは、

「死なないかな……」

正体のわからない黒い斑点は、生命の危機を思わせるものでした。また、

「ああ、これで材料費にかけた約五〇〇〇円、味噌作り講習会の半日、それからの半年の歳月《さいげつ》がむだになるのだろうか……」と、損失にまで考えが及びます。

しかし落ち着いて観察してみると、自分がこれまで経験してきた不快な「カビ臭《しゅう》」とは違うようです。

人間の体は「毒」に対して敏感《びんかん》に拒否《きょひ》反応を示すものであると、かつて聞いたことがあります。ものすごく不快なにおいがするとか、舌に触《ふ》れるとすごく苦いとか。わたしだって生物の端《はし》くれ。死ぬような危機なら、それを回避《かいひ》するための拒否反応くらいあるはずだと思いました。本当に毒だったら絶対に不快なはず。重金属や化学物質が入っている可能性はきわめて低い。自然の毒なら、化学物質よりもずっとわかりやすいはず……といった妙《みょう》な自信もありました。

思い切って食べてみました。量が少なくて味がわかりません。もうひとくち、大きめのかたまりを、口に運んでみました。そのときはさすがに緊張《きんちょう》して目をつぶりましたが。

一緒《いっしょ》に味噌を作った友人に聞くと、「カビじゃないか」という人あり、「カビだけど大丈夫」という人あり、「なんだかわからないけど、かつて食べた人がいるが、まだ生きている」という人がありあり……。いろいろでよくわかりませんが、わたしもまだ生きています。

しかし、「未知のもの」は怖《こわ》い。逆に言えば、未知のものであっても怖いと感じないことは、もっと危険なことです。が、それにしても自分で仕込み、愛情も感じている食べ物が、「食べても大丈夫かどうかわからない」という状況は、生き物としてかなり情けないことです。見分ける力がないのは、知識と経験が圧倒的《あっとうてき》に不足しているからにほかなりません。味噌を仕込んだことがない、学んだ経験もない、疑問すら持ったことがない。これがわたしの食生活の「結果」でした。

「たぶん」、「おそらく」、「きっと」、大丈夫！

自分で作ると、今まではなんとも思わなかったことが不思議に感じられることもあります。そのひとつは、「味噌の製造年月日って、いったいなにを指しているのだろう？」ということでした。そしてその疑問は、食品に表示された「安全情報」にあまりにも依《い》存《ぞん》してきた自分の生活を振《ふ》り返《かえ》るきっかけにもなりました。当然のことですが、わたしの味噌には、賞味期限の日付が印字されていません。自分で作っているので使用原料ははっきりわかりますが、「商品」になった食品にあるような情報はありません。安全なものを食べたいと思ったら、その判断は最終的に自分が下すしかないこと、作る過程が見え、実感がある食べ物に愛着がわくこと、おいしいもの、まずいものに対してその理由を推測することができること、食材や加工品を作っている人たちに対してありがたみがわくこと……など、自らの手で味噌を仕込むことで、ふだんの自分の食生活、食環境についていろいろと考えるようになりました。

なかでも、食べるものが安全であると確信して口に入れるのには、ことのほか「実力」がいるように思いました。買ったもの、特に加工品は、だれかが作って、だれかが安全を「保証」し、賞味期限を決めてくれます。「メーカーや検査機関、行政がきちんとやってくれているだろうから、きっと大丈夫」と漫然《まんぜん》と思いこむことで、もしくは何も考えずお任せ状態で受け入れてきた自分に気づいたのです。「きっと大丈夫」の「きっと」とは、ちょっと心配だけれど、大丈夫であってほしいから大丈夫ということにしちゃおう、といったところでしょうか。自分には何の根拠《こんきょ》もないし、他の人が言うことに納得《なっとく》できる理由があるのかないのか、あるとすればどういうものなのか、よくわからないけど、大丈夫という希望を持っている自分を追認《ついにん》するだけだったのです。

食べ物に関する実力。そんな、生き延びるためにもっとも必要な能力を、わたしたちは持っていないということなのでしょうか。身の回りにあるもののしくみや原理、由来を考えることなくものごとがうつり変わっていく。わたしたちはそんな世界に生きているのではないでしょうか。便利に思える科学技術も、その表面だけしか見ていないのではないでしょうか。

だからこそ、「木の実を採って食べてる」というパプアニューギニアの彼の家族に、強烈《きょうれつ》な珍しさとともに、力強さ、そして迫力を感じたのだと思います。

# 第2章　暮らしと科学技術のはるかな距離《きょり》

「現代の科学技術の発展にはめざましいものがある」といいます。科学技術の発展とはいったいなんでしょうか？

わたしが育ち、生きてきたこの数十年を振《ふ》り返《かえ》ると、子どものころには考えられなかったものがたくさんあります。知らず知らずのうちに、電気製品などの購入《こうにゅう》を通して新しい技術が生活の中に入り、いつしか当たり前のものになっています。

その代表ともいえるものはコンピュータです。コンピュータを所有し、使うだけでも、それはたしかに「かつての未来」です。

テレビ放送が始まったのは、一九五三年のことですから、五十年とちょっと前のこと。放送がされても当時受像器は高価で一般《いっぱん》の人はなかなか買うことはできず、人々は路上に設置された「街頭テレビ」に集まりました。

自宅にテレビを置くことができるようになってからも、性能は現在のものとは比べものにはなりません。一家でお茶の間に集まりテレビを楽しんだ時代が長く続きましたが、やがて一家に二台、さらに各部屋に一台となり、いまではパソコンでも車の中でも携帯《けいたい》電話でも、テレビを視聴《しちょう》することができるようになりました。

パソコンやテレビだけではありません。炊飯器《すいはんき》や掃除機《そうじき》、照明器具、オーブンや電子レンジなど、この五十年ほどの間に家の中は電気製品でいっぱいになりました。これらの電気製品がなかったころの生活はいったいどのようなものだったのだろう、と考えるほどです。

東京の大田区に、「昭和の暮らし博物館」という民家を改装した博物館があります。昭和三十年代初めのころの、東京の暮らしを再現しています。この博物館を見ると、懐《なつ》かしさのようなものを感じます。高度経済成長を迎《むか》え忙《いそが》しくなったとはいわれたものの、現在と比べればまだまだ素朴《そぼく》でのんびりした雰囲気《ふんいき》の生活があり、暮らしに手間をかけていた時代だったことが想像できます。

台所のコンロは、二口あれば多い方。冷蔵庫も上段に大きな氷の固まりを入れて冷やすものです。都市部では、文化鍋《ぶんかなべ》と呼ばれるアルミ製の鍋を使って、ガスコンロで米を炊《た》いていました。

　家族が集まる居間には、丸いちゃぶ台が置かれています。その横にご飯を入れるおひつ。最近、土鍋でご飯を炊くことが一種のブームのようになったり、料理雑誌で「炊飯器がなくてもご飯が炊ける」といったタイトルで特集が組まれたりしています。年長の世代の人はそんなブームを不思議に思っているかもしれません。

　少々話が脱線《だっせん》しました。とにかく、今の生活にあってここにはないものがいっぱい。エアコン、空気清浄機《せいじょうき》、テレビゲーム、ステレオ、携帯電話、ヘッドフォンステレオ、コンピュータ、テレビのリモコン、自動着火のガスコンロ、電気冷蔵庫、洗濯機《せんたくき》、掃除機、食器洗い乾燥機《かんそうき》、湯沸《ゆわ》かし器《き》、トースター、カセットコンロ、電機ポット、シャワートイレ（ほとんどのトイレは和式でした）、電気アイロン、センサー式電灯、DVD、インターフォン……。

　わたしの記憶《きおく》にある最初のテレビは、スイッチを入れると、しばらくの間暗い画面が続き、かすかな「ジー」という音とともにだんだん明るくなっていきました。テレビ画面の角はやや丸く、上にトンボのはねのようなアンテナがついていたこともあります。

アンテナの方向がなかなか合わず、等間隔《とうかんかく》の横縞《よこじま》が下から上へと流れるすき間から、テレビ画面を見ていたこともあります。一九七〇年くらいのことです。

それが、スイッチを入れるとすぐにきれいな画像が見られるようになったり、リモコン操作ができるようになったり、一九八〇年代になると番組を録画できるビデオデッキや、テレビを使って遊ぶテレビゲームが登場しました。それまでは、「電力を使ったゲーム」というものは、ほとんどありませんでした。

昭和の暮らし博物館は、当時の生活を振り返ることによって、その後わたしたちが手にした多くの「便利」に気づかせてくれました。

## パワーアップした、手・足・耳・口

さて、「便利、便利」と言いますが、わたしたちにとって便利とはなにを意味するのでしょうか。

「足はどうするの?」

旅行に行くときなど、こんな会話をすることがあります。「足」とは、車か電車かタクシーか？　どの移動手段を使うかを尋《たず》ねるときに使います。この表現が、わたしたちにとっての技術とはなにか、便利とはなにか、を考えるときのヒントになります。

車も電車も、「移動のための道具」です。かつての人間が移動のために持っていた手段は、「足」だけでした。しかし歩いたり走ったりでは、距離や移動時間、速さに限界があります。運べるものの大きさや重さも限られています。人の力が及《およ》ばないことでも、馬や牛の力がそれを助けてくれました。馬や牛が「人々の足」だった時代はとても長く続きました。そして馬や牛に代わって現れたのが、自動車、そして鉄道です。

車や鉄道なら大きくて重いものでも、遠くへでも、速く移動することができます。わたしたちの第二、第三の足であり、肉体の能力を数倍も数百倍もパワーアップした、頼《たよ》りになる強くて速い道具です。

足だけではありません。「耳」や「口」も同じです。どんなに大きな声で話しても、人の声が届く距離は限

られていますし、小さな音を聞き取る力にも限界があります。声が届かないところにいる遠くの人に意志を伝えたいというとき、人はいろいろ工夫《くふう》をしてきました。狼煙《のろし》や旗、ホラ貝などが使われましたが、これらは、「ことば」を、互《たが》いの約束に従って形式化した「信号」にすぎず、複雑な内容を伝えることはできません。ことばをそのまま遠くの相手に届けることができたら、どんなに便利だろうと感じたはずです。このような願いを具体化し、もっと詳《くわ》しい内容を遠くに伝えられる高性能な耳と口となったのが、電話です。最近では、「透視《とうし》」できる目も気軽に使えるようになりました。テレビ電話や画像の送信です。また、CDやハードディスクによる録音、これらを持ち運んで音楽などを聞くことも、時間や場所という要素を延長した「耳」の技術だといえるでしょう。

パワーアップした「腕《うで》」や「足」も生み出しました。農機具やポンプ、工事現場で使うショベルカーやリフト、地面を深く掘《ほ》るためのボーリング装置、船に乗らずに海を渡《わた》れる橋、みな、自分たちの肉体の能力を超《こ》える「力」を実現する技術です。

技術は、人が「今これをしたいけれどできない。どうしたらできるようになるのか」という欲求から発展してきたといえます。あらゆる工夫によって人の要求を実現させるために、改良を重ね「発展」してきたのが技術です。

わたしたちが体を使って行うことをもっと高性能にしたもの、これが技術の核《かく》になっているのです。

## 「もっと自動に、もっと便利に」がとりこぼすもの

達成したい目的——遠くに行きたい、食べ物を手に入れたい、安全に暮らしたい、光や暖かさがほしい、見えないものが見えるようになる——は、限りのないものです。人は古くから、自分たちの欲求をできるだけ満たそうと、工夫を凝《こ》らしてきました。

古代にさかのぼれば、石を使って耕したり、刈《か》り取《と》りをしたり、その石を使いやすいように加工したりしました。やがて、石よりも使いやすく丈夫《じょうぶ》で加工しやすい青銅や鉄を生み出します。鉄は、農機具としても、安全を守り領地を広げるための戦いをする武器としても幅広《はばひろ》く活用され、現在では工業社会を支える大きな力となっています。目的を達成するために効率を上げ、大規模な産業へと発展させ、産業の形態や生活のスタイルを大きく変える転機となったのが産業革命でした。こうしてさまざまな道具にわたし

たちの望む仕事をさせて、より多くのものを手に入れること、これが技術の発展であり、便利さの実現です。

では、技術の発展による便利さや快適さがわたしたちにもたらすものは、すべてが歓《かん》迎《げい》すべきことだったのでしょうか。

「えっ？　どうして？　便利っていいことじゃないの？　悪いことなんてあるの？」と思うかもしれませんね。

物理学者でもあり、科学者の社会的責任などについて活発に発言している池内了《さとる》さんは、「便利さとは、自分自身の中にある能力を失うこと」と述べています。（環境goo企業と環境 WEB講義 第1回 http://eco.goo.ne.jp/business/csr/lesson/apr00.htm）

ナイフと電動えんぴつ削《けず》りの関係を思い出すと、池内氏の言葉の意味がわかるのではないでしょうか。鉛筆《えんぴつ》を穴に入れるだけできれいに削れる電動えんぴつ削りはたしかに早くて便利ですが、使い慣れてしまうと、ナイフを使いこなして、鉛筆の先を細く削りだしていく自分の技術を磨《みが》く必要はなくなるからです。

道具やエネルギーに多くを依存《いぞん》していると、これらが使えない状況《じょうきょう》になったときにとても困ることは、経験した人はもちろん、そうでない人も容易に想像できるでしょう。自動はたしかに便利です。ただし、どの部分を「自動化」し、どの部分を、わたしたちの内的能力を高めることで処理していくか、わたしたち自身が考えて決めていく必要があります。便利さをどんどん取り入れていくことは、最初は「よい面」がよく見え、あたかも「よい面」しかないように思えます。しかし、それはほんの一面に過ぎません。わたしたちは、「便利」や「自動」を受け入れるときには、それによって現れるかもしれない「悪い面」も予測できなければならないと思います。便利を受け入れる「実力」を身につける必要があるのです。

## 科学技術は幸せを運んできてくれるのか?

今まで述べてきたように、人間ははるか昔からいろいろな道具を使って生活を便利にしてきました。自分たちの手足、あるいは目、耳、鼻などを延長し、機能をパワーアップさせてきたわけです。

当然、その結果として、動ける範囲《はんい》や見えるもの、できることが変わってきます。全自動洗濯機の話を、もう一度思い出してください。最初にそれが来たときにものすごく感動したのは、面倒《めんどう》な洗濯作業が（干すところをのぞけば）すべて自動で行われ、その分、今まで持つことのできなかった自由時間が手に入ったからです。つまり、自分を取り巻く世界が変わったわけです。道具は、科学技術は、わたしたちの身の回りの世界を変える力を持っています。メガネを普段《ふだん》かけている人は、はじめてメガネをかけたときに、なんと世の中がくっきりと見えるのだろうと感動した経験があると思います。あれと同じです。

ドイツの動物行動学者（出身はエストニア）のヤーコプ・フォン・ユクスキュルという人は、あらゆる生物はその種《しゅ》に特有の「環境《かんきょう》世界」に住んでいると唱えました。物理的な環境は同じでも、その環境の中のどの情報を使うかは、生物の種類によって大きく異なります。人間が見える光の波長は可視光の範囲に限られますが、モンシロチョウなどは紫外線《しがいせん》も感知することができますし、ガラガラヘビやマムシは赤外線を感知する器官を持っています。音でも同じことで、コウモリやイルカが人間には聞こえない超音《ちょうおん》波《ぱ》（超高周波）を使って外界の障害物を認識《にんしき》したり餌《えさ》を発見したりするのは有名です。

逆にゾウは、人間に聞こえない超低周波を聞くことができると言われています。動物の体温を敏感《びんかん》に感じて取り付くノミなどの寄生虫もいますし、明暗だけしか感じることのできない魚もいます。このように、動物たちが見たり感じたりしている世界は、さまざまなのです。これをユクスキュルは、それぞれの動物にとっての「環境世界」と表現したわけです。

科学技術は、人間にとっての環境世界を大きく変えてきました。人間単独では見えない世界、できない世界を、見える世界、可能な世界に変えてきたわけです。

もともと人間は、好奇心《こうきしん》が非常に旺盛《おうせい》な生き物です。今まで感じることのできなかった環境世界を感知することができるようになれば、それだけでも大きな満足です。さらに、行けないところに行けるようになる、持ち上げられなかった物が持

ち上げられるようになる、作れなかった物も作れるようになる、もうこうなってくると、好奇心というよりも欲望と言った方がいいかもしれませんが、それを実現することを、科学技術は可能にしてくれたのです。

当然これは、人間にとってはおもしろいしありがたいことですから、どんどん先へと進みます。科学技術は、ある意味、夢をかなえてくれる道具だったのです。科学技術の歴史は、人間がその夢をかなえ、欲望を満たすための道具を開発してきた歴史だと言ってもいいでしょう。

さて、問題は、科学技術の発展が累積的《るいせきてき》だということです。自転車ができて速く遠くへ移動できるようになったら、次は、より速く、より大量に移動できるように改良したり、新しい道具を開発したりします。今、到達《とうたつ》しているところが、次への出発点になるのですね。だから、全自動洗濯機がはじめて届いて感動していても、しばらく経《た》つとそれが標準の状態になってしまって、さらなる便利さを求めていくわけです。

この累積性というのは、科学技術に限らず人間の文化現象すべてに共通の特徴《とくちょう》です。文学作品だって美術作品だって、今までには表現されていないテーマや技法を求めて、作家たちは苦労しています。過去が蓄積《ちくせき》されていて、そこから出発しているわけです。科学技術も累積的に発展してきたからこそ、これだけ膨大《ぼうだい》な知識を集めることができ、強大な道具を作ることができるようになったわけです。

ところが、これが両刃《もろは》の剣《つるぎ》でした。単独の科学的知見や技術的成果であれば、その影響力《えいきょうりょく》は人間の想像力の範囲内です。しかし、どんどん累積的に発展してくると、あまりにも規模が大きく、強力になりすぎて、人間の想像力の限界を超えてしまいます。そうすると、予期せぬ副作用が生じたりして、事故につながったり、あるいはアスベストのように気づかないうちに人間の健康を蝕《むしば》んだりする場合が出てきます。現在の科学技術には、このような側面があります。

そうなると、今までは夢をかなえ、希望を実現してくれる存在だった科学技術が、生活や健康を脅《おびや》かすものとしてクローズアップされてきます。公害問題などがあったとはいえ、一九六〇年代、七〇年代までは、まだ科学技術はバラ色でした。それがじわじわと副作用が気になりだし、地球環境問題が国際的に取り上げられるようになると、一気にネガティブなイメージが噴出《ふんしゅつ》します。これには、科学技術が実際にネガティブに作用することが増えてきたという面もたしかにありますが、メリットの方に対する感動がインフレを起こして、ありがたみが薄《うす》れてしまったという部分もあるように思います。

ともあれ、科学技術とわたしたちの距離は、ものすごく遠くなってしまいました。では、科学技術に対するわたしたちのイメージが変わったと言ってもいいかもしれません。次にそれを担《にな》っている科学者、技術者に対するイメージはどうなのでしょうか。それを見てみましょう。

## 科学は遠くにあるものか？

「科学者」といったら、みなさんはどんな人物を想像するでしょうか。

「科学者」と聞いただけで、漫画的《まんがてき》な印象を持つ人も多いのではないかと思います。

小さい子どもに「科学者の絵を描《か》いてみましょう」というと、たいてい、白衣を着て、ひげを生やし、はげ頭か白髪頭《しらがあたま》

のおじいさんで、胸のポケットにペンを差していて、手にはフラスコか試験管を持っている、といった絵になるそうです。

理科の教育番組などでは、教えてくれる先生を「ハカセ」などと呼んだりします。右のような風貌《ふうぼう》の男性が、「おっほん！」といってから話し始める、やさしそうではあるが偉《えら》そうな態度。わたしはこんなステレオタイプの映像が、科学者に対するイメージを固定化し、実際の科学者をわたしたちから遠い存在にするのに貢献《こうけん》していると思えてなりません。

大人《おとな》が持っているイメージも、大差ないようです。「偏屈《へんくつ》で社会性がなく、浮世離《うきよばな》れしていて、自分の研究に没頭《ぼっとう》し、その価値に社会的な善悪という基準はない」といったところ。科学者の実際の業績によって具体的に評価するというよりは、架空《かくう》のキャラクター、たとえばフランケンシュタインや映画『バック・トゥ・ザ・フューチャー』に登場するドクのような、社会と共存しない人格と捉《とら》えられているようです。

実際には、科学者という職業の人が身近に存在せず、生身の人間としてのリアリティが足りないということが大きく影響しています。

一九九三年に北海道大学の一年生に「あなたの知っている日本人の科学者ないし技術者の名前を思いついた順に書いてください」という質問をしたところ、回答には、湯川秀樹《ひでき》、利根川《とねがわ》進、毛利衛《まもる》、野口英世《ひでよ》、江崎玲於奈《えさきれおな》、平賀源内《ひらがげんない》、本田宗一郎《そういちろう》、長岡半太郎《ながおかはんたろう》、朝永振一郎《ともながしんいちろう》、北里柴三郎《しばさぶろう》、ドクター中松、竹内均《ひとし》といった名前が挙がったと言います（杉山滋郎《すぎやましげお》著『日本の近代科学史』）。この回答に対して、著者の杉山氏は、これらの回答は、ノーベル賞受賞者もしくは、日本がまだ貧しく科学技術でも欧米《おうべい》に後《おく》れをとっていた時代に高い業績をあげた人物として語られている人々であって、その業績に照らして適切な人選であるかは疑問だと述べています。逆に言えば、それ以外の科学者を知らない、その業績も知らないということになるのでしょう。試《ため》しにみなさんも、思いつく科学者・技術者の名前を挙げてみてはいかがでしょうか。それと同時にその人の業績を知っているかどうか試してみると、わたしたち自身と、科学技術との距離感が実感できるのではないかと思います。

「科学者や技術者に対する親近感」について国民の意識を調査したところ、親近感を持っている人（「そう思う」「どちらかというとそう思う」を合計した割合）は一五・五％でした。逆に、「あまりそう思わない」が三八・六％、「そう思わない」が三五・七％で、両方をたすと、「科学者」という存在に親近感を持っていないと回答した人の割合は七四％を超えています。残りは、「どちらとも言えない」か「わからない」という回答です。(『科学技術白書 平成一六年版』一一五頁「科学技術と社会に関する世論調査(平成一六年二月、内閣府による)」)

科学者や技術者の業績、それによってもたらされる成果のストーリーを知らずに、できた製品や出来事のみの情報を受け取っている、わたしたちと科学の距離を示しているといえます。実際に、「科学者」がどんな仕事をして、なにを目指しているのか。わたしたちの暮らしや将来に役立つことを考えているのか。役立つとすれば、いつごろ、どのような形でその成果が得られるのか、なかなか見えてきません。

## 科学の細分化・高度化と生活者の気持ち

わたしは、暮らしや家庭の中にある科学をテーマにして、雑誌に記事を書くことがあります。料理の科学、生活の中にある器具のしくみなどを取りあげて、科学を専門としない人たちにも関心を持ってもらえるよう記事づくりを工夫します。そんなとき編集者の注文はこうです。

「一般の主婦の方々にとっつきやすくするために、内容は科学のことであっても『科学』ということばは使わないでください。『科学』と聞いただけで引いてしまう（そのページを読むことをやめてしまう）人がけっこういますから」

これは、わたしにとってはむずかしい注文であることが多いのですが、編集者の言うことは、一般の人に対する情報発信の心構えとして、現時点では適切と言うほかありません。「科学」ということばを使うか否《いな》かが大きな問題なのではありません。読者である「一般の人たち」も、発信する側である「編集者」も、科学に対して距離を感じているということであり、それは、現在の「科学技術」と「それを使う人たち」の関係を象徴しています。作る側、発信する側は、当然その内容を熟知し将来の方向性を提案しますが、それを使う側の人は与《あた》えられたものを十分に理解せず「買う」という行動だけで受け入れていると言いかえられます。

一般に、「わからない」ことの原因のひとつに、分野がとても細かく分かれて、専門性が高くなっているということがあります。

　複雑で専門性の高い技術が生み出された結果、エネルギー、動力機関、通信、食料生産や医療《いりょう》、衣服、娯楽《ごらく》やスポーツまで、わたしたちの生活のあらゆる部分を科学技術が支えています。

　技術、そして科学技術は、その時代に生きている人々によって求められ発展してきたものであるはずですから、わたしたちはそれらの科学技術を使う主人公です。しかし、はたしてわたしたちの科学技術に対する理解は、科学の発展とともに進んでいるでしょうか……？

　たとえば、あなたの周りで、「科学はむずかしいから」と決めつけて、苦手だと思っている人はいませんか。あなた自身はどうでしょう。科学的理論と実用化のレベルが複雑で高度なために、一握《ひとにぎ》りの人たちにしかわからないむずかしいものになってしまっているのは事実です。

　専門家や技術者が作り出したものを、マニュアルの通りに使うことさえできれば、そのしくみなどを知る必要はない、という人もいるかもしれません。しかし、そのような使い方では、供給する側から示された技術の「良い部分」しか見えません。科学技術を提供する側からは「良い部分」しか聞かれないのだとしたら……。それらを使う主人公であるわたしたちは、与えられる情報だけではなく、科学的背景やしくみを少しでも知った上で、生活の中に取り入れるか、取り入れないのかを判断することが必要です。良いこと（ベネフィット）も悪いこと（リスク）も考えながら科学技術とつきあっていく、その第一歩は、「知ること」です。生活の中にある科学技術。毎日使うならなおのこと、その技術が持っている能力や背景を意識し知ることに対して積極的にトライしてみませんか。

## 科学はどこに向かうのか

なかには、技術的に可能だから作ってしまったけれども、実際に使う立場、現場に照らして実践的《じっせんてき》でないという場合もあります。「非電化工房《こうぼう》」を主宰《しゅさい》する発明家の藤村靖之《ふじむらやすゆき》さんが『エコライフ&スローライフを実現する愉《たの》しい非電化』

(洋泉社)という本の中で述べているミシンについての記述は、とても興味深いものです。

かつてミシンは足踏《あしぶ》み式でした。足下《あしもと》の、鉄製のペダルを両足でリズミカルに踏み、その力で動いたクランクが大きな輪を回転させます。輪にかかった革《かわ》のベルトを通して、ミシン本体に動力を伝え、針の上下運動を作り出し布地を縫《ぬ》い合《あ》わせる、という実に巧《たく》みな機械システムの組み合わせでできていました。

足踏みミシンは、足下のペダルと作業台の上の本体で構成されていますから、ミシン全体の大きさは小さな学習机ほどになります。戦前から高度成長期にかけては、どこの家でも座敷《ざしき》のすみにミシンが置いてあり、母親は家族の洋服を仕立てたり古くなった手ぬぐいを折り重ねて雑巾《ぞうきん》を作ったりと、家族の生活に必要なものをミシンを使って作り出していました。

しばらくして、ミシンは電動に変わっていきます。電動ミシンは足踏み式と違《ちが》って、片足でペダルを踏めば高速で運針でき、「機械とタイミングを合わせる」という微妙《びみょう》なテクニックは不要です。そして、ペダルの動力をベルトで本体に伝える機構が不要になると、ミシンは小型化していきます。こうなると、使わないときに座敷のすみを占領《せんりょう》することなく押入《おしいれ》にしまうことができるようになりました。ポータブルミシンの登場です。ミシンを使う人がだんだんと減ってきたのは一九七〇〜八〇年ごろからで、ポータブルミシンが登場した時代とほぼ重なります。既製服《きせいふく》の価格が安くなってきたということも関係があるでしょう。

ポータブルミシンといっても、初期のものは足踏みミシンと同様、本体は鉄製。重いのです。二〇キログラムほどはあったのではないでしょうか。縫い物をするときには押入から出すのが一仕事で、座敷のすみにあったころのように、カバー代わりの風呂敷《ふろしき》をさらっと取ればよかったのとは勝手が違います。既製服が大衆化し、ミシンかけの機会が減るとともに、都会の住宅事情を反映してコンパクトになったことは、進歩と言えたかもしれません。と同時に、いざ「ミシンかけをしよう」と思ったときに要する手間は大きくなりました。

そのころ商店街などを歩くと、ミシンのセールスマンが刺繍《ししゅう》入りのエプロンをして、「新しく便利で、高機能な電動ミシン」の実演販売《はんばい》をする姿がよく見られました。直線や単純なジグザグ縫いに加え、いろいろな形の模様縫いや刺繍縫いができるようになったりと、機能はどんどん増えていきました。しかし、雑巾を縫ったり、破れを修理したり、洋服を仕立てるなど、家庭で使う機能は、ほとんど直線とジグザグ縫いです。ヘビーユーザーであればあるほど、直線かジグザグ縫いで十分で、複雑な模様縫い機能が活躍《かつやく》する機会は、実際には宣伝文句ほどは多くはありません。機能が増えたぶん実用性が増したかというと、そうでもなかったのです。やがて、ミシンにはマイコンが搭載《とうさい》され、使い方はややこしくなっていきます。スイッチの数は増えるし、針や押《お》さえ金《がね》などの部品の数もどんどん増えます。

家族の服をせっせと仕立てていた女性たちにとって、マイコン制御《せいぎょ》はうっとうしい機能でした。押入に鎮座《ちんざ》するうっとうしい高機能ミシン。ミシンは「便利になった」といわれながら、どんどん使われない機械に「成長」していったというのです。

わたしの家でも、かつて足踏みミシンを人に譲《ゆず》って電動ミシンを買いました。その後、ポータブルミシン、コンピュータミシンへと買《か》い換《か》えていったことは、藤村氏が示した物語と一致《いっち》します。わたしは、母があのとき足踏みミシンを人に譲ったことが悔《く》やまれてなりません。

洋裁離れだけではなく、最近では洋服は海外の安い労働力によって生産され、驚《おどろ》くような安さで売られ、傷《いた》まなくても流行が去れば捨てられる。洋服のその後の歴史を思うと「ミシンの高性能化」は本当に必要な技術だったのかどうか？　自信を持ってイエスと答えることはできません。

生活の労力を機械を使って処理するとき、電力は欠かせないエネルギーで、生活を豊かにするために大いに役立ったことは疑いのないことです。でもこれからのわたしたちは、電化や自動化の本当に必要な部分とそうでない部分とをよく見極《みきわ》める目を持つことが必要だと思います。

わたしたちは本当に、「全自動生活」を望んでいるのでしょうか？　仮にそうだとしたら「全自動生活」の向こうにあるものはなんなのでしょうか。

もっと速く、もっと大きく、もっと高く、もっと強く、もっと便利に、と発展してきた科学技術。これまでいくつか見てきたように、「もっと」を望むわたしたちは、「もっとたくさんのブラックボックス」を増やそうとしていることでもあります。

二一世紀を目前にした二〇〇〇年秋に流れた、ある通信会社のコマーシャルにこんなコピーが使われていました。

「子どものころ、夢見た未来がやってきた」

三〇年前の子どもたちが夢見たのはアニメや、ヒーローものの主人公たちが使っている腕時計型《うでどけいがた》の映像通信装置、移動中でも本部と連絡《れんらく》を取り合える通信機器、通信している相手の位置が特定できる装置……。これらは、いま、携帯電話、カメラ付き携帯、GPSとして、家電量販店で売られ、手に入るようになりました。

かつて人々は、科学が明るい未来を切《き》り拓《ひら》くというイメージを抱《いだ》いていましたが、扱《あつか》い方《かた》によっては原爆《げんばく》や公害、薬害など科学がもたらす負の部分があることも忘れてはなりません。これらは光と影《かげ》の関係にあるといってもいいでしょう。社会問題となった「科学による望まない結果」＝公害や薬害を経験しました。これからも、予測し得ない健康障害や環境破壊《はかい》などが起こる可能性があります。

技術が発達し手足がどんどん伸《の》びていった結果、自分の指先がなにをしているのかを確かめられなくなっている部分が現れてきているのです。だとしたら、手足を伸ばしても、自分の指先を見ながらコントロールできることや、自分でコントロールできないところまでは手足を伸ばさない知恵《ちえ》も、これからのわたしたちには必要な能力です。わたしたち自身の選択によって手足が自分の思うとおりに動いたり、求める仕事をしてくれたら、わたしたちと科学技術の関係はもっと楽しく、広がりのあるものになることでしょう。

# 第3章　生活の中にある科学に自分の手で触《ふ》れてみる

今朝《けさ》、起きてから今までみなさんが使った「科学技術」には、どんなものがあるでしょう？

前章で、実際よりも科学のイメージが遠いことを述べたばかりですから、ちょっと唐《とう》突《とつ》な質問かもしれません。でも、いま住んでいる家が、地震《じしん》が起きても倒《たお》れず、冬が来ても暖かく、夜になれば電気で明かりを灯《とも》せることだけでも、科学技術の成果です。そのように考えると、あれもこれも、ほとんどのものになんらかの形で科学技術が使われていることに気づくのではないでしょうか。しかし、そうはいっても、生活の中のどこに、具体的にはどのような科学技術が隠《かく》れているのかは、なかなかわかりにくいかもしれません。

どんなに「すごい」技術でも、原理と工夫《くふう》の小さな積み重ねです。たとえ、目の前にあるものが複雑で、しくみを想像することができなくても、ひとつひとつひもといていけば、「なーるほど」と納得《なっとく》のいくものです。

反対に、簡単そうにつくられているものでも、つくり方など目に見えない部分を知ると、意外な工夫が凝《こ》らされていることもあります。わたしたちが使っているたくさんの「もの」は、目的を達成できるように、故障や事故が起きないように、性能を維持《いじ》しながらも製造コストが抑《おさ》えられるようになど、いろいろな目的を満たすために工夫されています。この章では、わたしたちがいつもお世話になっているものが、どのように工夫されてつくられているのかをのぞいてみましょう。

## ただ冷凍《れいとう》するだけで「冷凍食品」？

「レンジでチン！」

考えてみればちょっと不思議なことばですが、この意味がわからない日本人はほとんどいないのではないでしょうか。電子レンジを使って、冷めてしまった食べ物を温めたり、冷凍してあるものを解凍したり、調理したりすることを指す一種の隠語《いんご》です。とても気楽で日常的な雰囲気《ふんいき》の語感があり、「チンして食べてね」と言葉を交《か》わす家族の光景が思《おも》い浮《う》かぶような、リアルな表現でもあります。電子レンジがいかに生活に浸透《しんとう》しているかを表しています。最近は、「チン」という音でできあがりを知らせる機種はだいぶん減りましたが。

電子レンジは、冷凍食品や冷凍冷蔵庫など、食品の冷凍と時期を同じくして家庭の中に入ってきました。調理して冷凍庫に保存したものが、温めるだけですぐに食べられるという冷凍食品の便利さは、台所に電子レンジという技術あってのことです。

食べ物を保存することは、わたしたちが生きていく上でとても大切なことです。「冷凍」は、素材をほとんどそのままのかたちで保持することができるという他の保存方法にはない特徴《とくちょう》があります。冷凍保存を行うことができるようになったのは、一部の寒い地方を除けば、人工的に低温を得る技術（冷凍冷蔵庫）が発達することが条件でした。家庭でも食品を冷凍して保存します。ちょっと多めに炊《た》いたごはんがあまったときや、煮豆《にまめ》やミートボールやカレー、ミートソースなどのおかずを小分けにして冷凍しておけば、いつでも手軽に食べられます。食品メーカーが下処理した素材や調理したものを冷凍して販売《はんばい》する「冷凍食品」も発達し、とても身近な存在になっています。餃子《ぎょうざ》やシューマイ、コロッケ、ハンバーグなどおかずに限らず、ご飯もの、麺類《めんるい》、たい焼きや今川焼きなど、さまざまなものが売られ、メニューも豊富でとても便利です。

## 「冷凍のプロ」の技術

ところで、お刺身《さしみ》や餃子、煮豆などを自宅の冷蔵庫で冷凍すると、食べるときに、食感がざらついたり、水分が出てきたりして味が落ちるのは、だれでも経験のあることだと思います。これに対して市販の冷凍食品は、比較的《ひかくてき》できたてに近い味わいで、肉汁《にくじゅう》が残り、風味や食感が残るようにつくられています。なぜか。これには「凍結」の特性に関する科学的理論が関係しています。

家庭の冷蔵庫を使って冷凍する場合と、市販の冷凍食品の凍結の違《ちが》いはどこにあるのでしょう。味の素《あじのもと》冷凍食品で冷凍食品技術を研究している渡邉晃弘《わたなべあきひろ》さんに聞いてみました。

「冷凍食品は急速冷凍によって凍らせているんですよ」

急速冷凍とは、マイナス四〇~五〇℃の非常に低い冷気で、短い時間で食品の中心部まで一気に凍結させることです。これによっておいしさを保つことができるのです。マイナス四〇℃といえば、先ごろロシアを襲《おそ》った寒波がもたらした温度です。現地からのニュース映像を見ていたら、地面にこぼしたコップの水が、ほんの一〇秒ほどで路上でカチンコチンに凍《こお》りました。

水は0℃で凍るのに、なぜこのような低温の条件を作らなければならないのでしょうか。

「食品を冷凍庫に入れると、ものの温度はどんどん下がっていくわけですが、マイナス一℃からマイナス五℃の間を通るときに食品中の水分が氷になります。この温度帯で、大きな氷の結晶《けっしょう》ができてしまいます」

大きな氷の結晶ですか？

「そうです。冷却《れいきゃく》する力が弱いと、つまり超低温《ちょうていおん》でないと水はゆっくりと氷になっていきます。そのとき氷の結晶が大きく成長するのです。しかも、水が氷になるために温度を使ってしまい、食品自体の温度を下げることができないので、この温度帯にとどまる時間が長くなってしまいます」

写真①　写真②　写真③

（冷凍前の細胞）

（急速冷凍した細胞）
氷の結晶が小さく、細胞の損われかたが少ない。

（緩慢冷凍した細胞）
氷の結晶が大きく、組織が損われている。

図２　食品組織の状態
〔出典；比佐勤著『冷凍食品入門〈改訂新版〉』日本食糧新聞社〕

冷凍食品をつくるということは、ただ温度を下げて凍らせればいいということではないのですね。水は０℃以下で凍ると言っても、条件によって凍り方が違うということでしょうか。それにしても、大きな氷の結晶ができるとなぜ味が落ちるのですか？

「氷の結晶が大きくなることで、氷が食品の組織や細胞を押《お》しのけ、破《は》壊《かい》してしまうんです。すると解凍したときに壊《こわ》れた組織から肉汁やうまみが流れ出たり、食感が悪くなったりするのです」

　大きくなった氷が食品の組織を破壊する。それがこのマイナス一℃からマイナス五℃の間で起こるということなのですね。

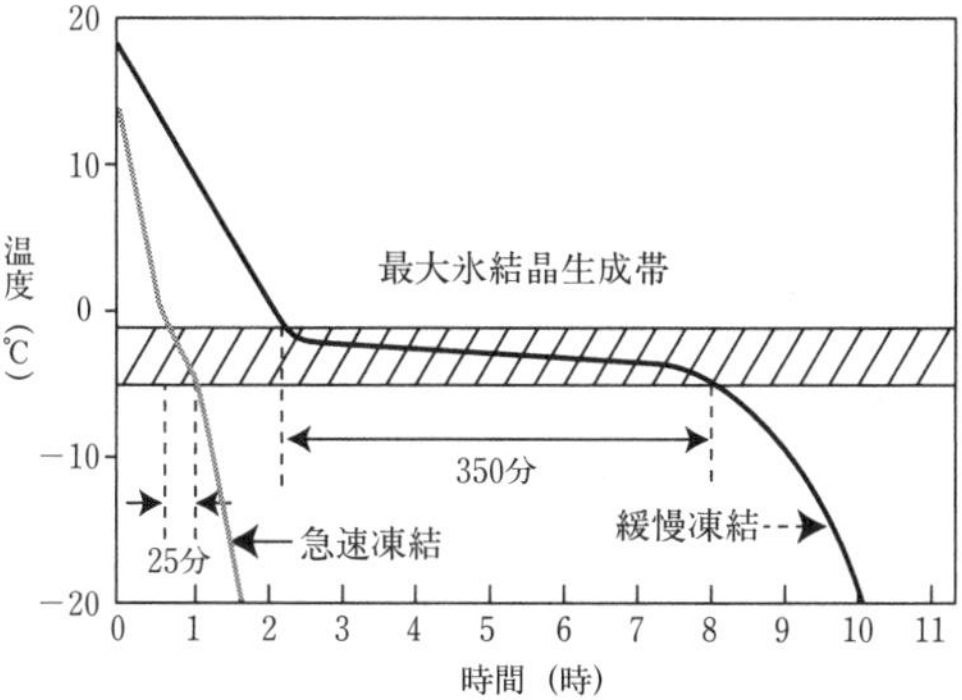


図3　急速凍結と緩慢凍結の冷凍曲線
〔出典；加藤舜郎著『食品冷凍の理論と応用〈改訂新版〉』光琳書院〕

「そうです。溶《と》けたチョコレートをもう一度冷蔵庫に入れて固めたものを食べたことがありますか？　ざらざらした舌触《したざわ》りでおいしくないでしょう？　チョコレートの中に細かく分散していた脂《し》肪分《ぼうぶん》が一度溶けることによって部分的に集まってしまうので、再び固まるときに大きな脂肪の塊《かたまり》ができてしまうのです。その結果、ざらついた舌触りになるのです。

こんなイメージをもって、この写真を見てください（図2）。急速冷凍の場合は、緩慢《かんまん》冷凍よりも食物の組織の損《そこ》なわれ方が少ないでしょう？氷の結晶が大きく成長するこの温度帯を、『最大氷結晶生成帯』と呼んでいます。この温度を早く通過させなければなりません」

急速冷凍すると、この温度帯を一気に通過できるということですか？

「そうです。それにはマイナス四〇℃程度の冷気が必要です。家庭の冷凍庫ではせいぜいマイナス一八℃。この温度だと、右のグラフのように最大氷結晶生成帯を通っている時間が長くなってしまいます（図3）。逆に、一気に凍らせることができると、氷は結晶を成長させるひまがなく、そのため組織が破壊されることもなく凍結するのです。過冷却状態って聞いたことありますか」

0℃以下になっても凍らないでいた水が、ほんの少しの刺激《しげき》で一気に凍結する現象ですね。

「そうです。その過冷却という状態が、食品にも起こっているのです。一気に低温にして、一気に凍らせるから、結晶が成長する間がありません。それで、解凍したときにも冷凍前とほとんど変わらない食感を残せるのです」

わたしたちが学校の理科で習ったのは、「水は0℃以下で氷になる」ということでした。でも、0℃以下で水が凍るかどうかだけではなく、どのようにして凍結するかが、冷凍食品の味をよくするために大切な要素になるのですね。ただ温度を下げれば冷凍食

品のできあがり！　というわけではなく凍結時の水の特性を考えた工夫があるのです。(＊1)

冷凍食品を作るうえでは、解凍したときの食べやすさなども考えられています。チキンライスやピラフなど、ご飯ものの冷凍食品を食べたことがありますか？　これらの食品も、急速冷凍されているのはもちろんですが、もうひとつ、技術的な工夫が施《ほどこ》されているのです。

ご飯をラップなどに包んで冷凍したことがあると思います。冷凍庫から出したときには、カチコチの塊になっています。ところが、冷凍食品のピラフやチキンライスはひと粒《つぶ》ひと粒、パラパラの状態で袋《ふくろ》に入っています。

買ってきたピラフが袋の中でひとかたまりになっていたら、うまく温まりません。また、食べたい量だけを取り分けることはできず、一度解かしたら全部食べてしまわなければなりません。これでは不便ですし、パラリとした食感は望めません。

では、ひと粒ひと粒が離《はな》れている、パラリとしたご飯の冷凍、いったいどうやってつくるのでしょうか。

答えを聞く前に、みなさんも、ちょっと考えてアイデアを出してみてください。ひと粒ひと粒ご飯を離してから冷凍庫に入れるなんて思ったりしていませんか？　これもアイデアのひとつではありますが、ここでは、工業的に大量の食品を処理して冷凍食品をつくることを目指して、現実的な方法を考えてみましょう。効率よく、大量に、確実に処理する方法とは……？

渡邉さんに聞くと、これまた意外な工夫があることがわかりました。

炊きあげたピラフやチキンライスなどを「ドライスノー」と呼ばれる粉状のドライアイスと一緒《いっしょ》にドラムに入れて、激しく攪拌《かくはん》します。こうするとお米の粒とドライアイスの粒が互《たが》いにぶつかり合って粒がくっつくことを防ぐと同時に、冷凍もできるという技術です。なるほど。ドライアイスの温度は、マイナス約七九℃。これなら、低温のドライアイスがご飯の粒に触れるたびに温度を下げることができ、また、冷凍が完了《かんりょう》した後には、ドライアイスは気体に変わって、食品に残ることもありません。答えを聞いてみれば単純なシステムですが、斬新《ざんしん》なアイデアではありませんか！　こうしたアイデアで、あのパラリとしたご飯が簡単に手に入るのですね。

さらに、もっと大量のピラフを冷凍させるために、最近では「ターボ・フリーザー」

という新しい方法が導入されています。筒状《つつじょう》のドラムに炊きあがったばかりのピラフを入れるとともに、マイナス六〇℃の冷風を吹《ふ》きかける方法で、攪拌しながら冷凍が進みます。ピラフと冷風の温度差が常に最大となるよう工夫されたシステムであり、これを使うと米粒がほぼ完全に独立して凍結し、塊はまったくと言っていいほどできないのだそうです。

「袋を開けたときに、ごはんの塊が出てくるのに比べて、粒がパラリと出てくるのは、加熱ムラも抑えられ食べやすく、おいしさも引き立ちます。この技術は当社の特許です。この技術を開発したことは、当社の米飯関連の冷凍食品シェアがトップであることに大きく貢献《こうけん》していると思いますよ」

食材をおいしく調理するだけではなく、理想の形状や食感に仕上げるために、さまざまな技術の工夫がされていることがわかると思います。食品を包装する袋の材質も、アルミ蒸着《じょうちゃく》という技術を使い、光を完全に遮断《しゃだん》する素材を使って流通の途中《とちゅう》、紫外線《しがいせん》によって食品が変質・変色することを防いでいます。

買ってきて食べてしまえばなくなる冷凍食品。あまりの身近さに、その製造にどのような工夫がされているのか、ふだんはあまり考えたことがないかもしれませんが、製造、凍結、流通など、わたしたちの口に入るまでのことを考え、さまざまに工夫された技術を経ているのです。

（＊1）「冷凍食品の品質・衛生についての自主的指導基準」（社団法人日本冷凍食品協会）による「冷凍食品」の定義は、1．材料を前処理してあること（魚の内臓や野菜の根や葉などの食べられない部分を取り除いたり、食べやすい大きさにカットしてあるなど）2．急速冷凍してあること 3．消費者用の包装がしてあること（消費者の手元に届くまでに、汚染《おせん》や傷《いた》みを防ぐためや、原材料や賞味期限等必要な表示がしてある）4．品温をマイナス一八℃に下げてあること（生産時だけではなく、貯蔵・輸送・配送・販売まで一貫《いっかん》してマイナス一八℃以下を保っている）とされている。

## テレビゲームの「技術」ハードウエアの場合

身近な技術は、食品のほかにもいろいろありますが、みなさんが使っているものの中でもっとも親しみのある機器のひとつが、テレビゲームではないでしょうか？

テレビゲームの「技術」？　ゲームのルールとコントローラの扱《あつか》い方《かた》さえ知っていれ

ばそれでいいじゃん、と思うかもしれません。逆に考えると、技術の存在を感じさせないほど、スムーズに動くように作られているとも言えます。しかし、あらゆる角度からの視点を映し出す立体感や、なめらかで多彩《たさい》な動きのある画面が、最初からつくれたわけではありません。現在わたしたちが楽しんでいるようなテレビゲームにまで発達するには、長い間の技術の積み重ねが必要だったのです。

わたしの記憶《きおく》にある最初のテレビゲーム画面は、「ブロック崩《くず》し」と呼ばれるものです。画面の端《はし》に四角い図形がブロックのように並んでいて、手前にある四角い図形をラケットに見立てて動かし「玉」をはじいてブロックに当てて崩すという、きわめて単純なものです。その後、一九七八年、『スペースインベーダー』という日本で初めてCPUを使ったゲームが登場しました。(＊2)

『スペースインベーダー』は当時たいへんな人気で、テレビゲームの存在感を決定的にしました。その後、数ある娯楽《ごらく》の中でもテレビゲームが大きな位置を占《し》めることにつながっていきます。それでもまだ、この時期のゲームは平面的で単純な動きでした。画面はモノクロで、モニターのカバーに透明のカラーフィルムを貼《は》って、まるで学校の文化祭のように「派手さ」を演出していました。何万色も使って画像を作り出す現在の家庭用ゲーム機を見慣れていると、なんだか信じられないような気がします。

一九八〇年代になるとさまざまな種類のゲームが開発されるようになり、スピード感も増し、現実離れした動きを自分で演出できる楽しさが生まれます。そして、ゲームセンターや喫茶店《きっさてん》でしか楽しめなかった時代から、家庭用ゲーム機の登場へとつながります。

テレビゲームの発達と技術の進歩は、表裏一体《ひょうりいったい》で、切っても切れない関係です。家庭用にするには、まず本体が小さくなければなりませんし、コントローラの入力が、瞬時《しゅんじ》に画面に反映されなければなりません。コントローラのボタンを押して画面の中にいるキャラクターが動き出すまでにわずかでも時間のずれがあったら、おもしろくも何ともないものになってしまいます。

三次元で表現されたテレビゲームの画面をはじめて見たときは、目を見張りました。映像が立体的なだけではなく、キャラクターも奥行《おくゆ》きのある空間を動き回ります。自分がその空間の中をほんとうに移動しているかのようです。画面に映し出される画像の美しさや臨場感、迫力《はくりょく》は、以前のモノクロの平面画面とは比べものになりません。

ゲームの技術でいえば、二次元と三次元の画像を表現する方式が違います。二次元のグラフィックスでは、キャラクターは前後や左右に平面的に動きます。その背景もまた、前後や上下に流れることによって、キャラクターの移動の様子が表現され、全体として動きのある画面ができていきます。背景が描《えが》かれた絵が後ろで流れて、その手前でキャラクターが動く、人形劇の舞台《ぶたい》を想像するとわかりやすいかもしれません。この場合、キャラクターや背景は、プレーヤーが見ている方向にのみ色や形が現れていればよいわけです。

コンピュータの絵は、ドットと呼ばれる小さな点の集まりで、どの位置にどの色の点を置くかを指定し、その点が集まって画像をつくり出しますから、二次元グラフィックスでは、画面のどこに小さな点を置くかは、縦と横だけを指定することで絵ができあがります。三次元グラフィックスでは、すべてのものに対して見える位置や角度を決め、画面に表示しなければなりません。そのためには、「この物体はこの角度から見るとこう見える」ということをすべて指定しそれを表現します。画面の「空間」に存在するすべてのものについて、縦、横、奥行きの三つの数字で表すため、瞬時に複雑な計算を行わなければなりません。それだけの計算能力を持つコンピュータが必要になります。

三次元のコンピュータグラフィックス（CG）はゲーム機に使われる前にもすでに存在していましたが、テレビ放送やコマーシャルなど特別な目的のためで一般《いっぱん》の人がいつでも手軽に使えるものではありませんでした。システムが非常に高価で、しかも大きく場所をとるため家庭用ゲーム機に搭載《とうさい》することなどとてもできませんでした。

家庭用ゲーム機を作るためには、高速処理ができる能力を持ったCPUを開発しなければなりません。しかも小さくて、手頃《てごろ》な値段で生産できるものを作るのは当時はむりだと考えられていました。ここにはどうしても越《こ》えなければならない技術的な高いハードルがありました。これを可能にしたのは、プレイステーションを開発した、ソニー・コンピュータエンタテインメントです。

むりだと思われていた技術を実現するのは、とてもたいへんなことです。どのような点に着目して、どんな工夫をしたのでしょうか。

半導体素子を見たことがありますか？　黒くて四角い塊の両脇《りょうわき》から、何本もの足がムカデのように出ているもの、といえば見覚えがあると思います。シリコンには細かい電気回路が作《つく》り込《こ》まれています。チップと呼ばれる素子はすべて同じではなくそれぞれ特徴や働きがあり、それらを目的に合わせていくつも組み合わせて基板をつくったり、基板をさらに何枚も組み合わせて機器に搭載します。当時、三次元CGを作るためには複雑な計算が必要だったため、素子や基板をいくつも組み合わせた結果、コンピュータは更衣《こうい》室《しつ》のロッカーほどもある大きさだったといいます。

ソニー・コンピュータエンタテインメントは、三次元グラフィックス・コンピュータの機能のうち、目指すゲーム機に必要なものだけを選び、それらの機能を丸ごとひとつの半導体素子の中に入れることに成功しました。こうして、プレイステーション専用の半導体素子ができました。チップがひとつになったため、小型で処理速度が速く、組み立てにも手間がかからないシステムをつくることができました。テレビゲームに投入された技術のほんの一端《いったん》ではありますが、内部に注がれた技術の奥深さを想像することができたでしょうか。

（＊2） Central Processing Unit の略で、「中央演算処理装置」。コンピュータが行う複雑な計算（処理）を高速に行う装置で、CPUの性能が、パソコンの性能に大きく影響《えいきょう》している。

## テレビゲームの「技術」ソフトウエアの場合

これまではハードウエアに関することでしたが、ソフトウエアの制作にも、楽しさを実現するための工夫が隠れています。

今度は、そのソフトウエアの制作と科学の関係について見てみましょう。

ソニー・コンピュータエンタテインメントのゲームソフトに、『みんなのGOLF』というゲームがあります。

このゲームでは、キャラクターがゴルフボールを打ったときの角度や力によってボールの飛び方を決めています。プレーヤーは、キャラクターにいかに狙《ねら》い通《どお》りに打たせるかが勝負の分かれ目になります。そのボールの飛び方に科学的・数学的な理論を駆使《くし》しているに違いないと、『みんなのGOLF』のプログラムを制作している村守将志《むらもりまさし》さんに質問してみました。

『みんなのGOLF』の球の軌跡《きせき》は、打った瞬間に強さと角度によって描く放物線を決めているのでしょう？

「実は、ボールの弾道《だんどう》は、放物線ではないのですよ」

え、そうなんですか。

臨場感やリアリティの実現と科学との関係について関心を持っていたので、この答えには少なからず驚《おどろ》きました。物体は、サッカーボールでも、銃弾《じゅうだん》でも、下駄《げた》でも、投げ上げれば放物線を描きます。空気抵抗《ていこう》などの影響を受け、多少速度が変わったり理想的な放物線ではないにしても、基本は変わらないはずです。よりリアルな画面をつくることが、ゲームの臨場感を増し、それが楽しさにつながるのだとすれば、ボールは当然、放物線を描くとばかり思っていたのです。

リアルな画像を描くこと、これが臨場感ではない。では、ゴルフボールはいったいなにを基準に画面の空間を移動しているのでしょうか。

「ひと言で言えば、気持ちよさです」

気持ちよさ？　これもまた、意外な回答です。気持ちよさといっても、どんな弾道なのかはわかりません。

「クラブに当たったボールは一度低めに空間に飛び出し、だんだんと角度を上げて、そして落ちる。簡単に言うと、鯨《くじら》の背を尾《お》の方から眺《なが》めた感じの曲線になります。すーっと飛び出し、高く上がってすとんと落ちる形が、プレーヤーの気持ちよさを引き出すのです」

おー、打ったー。おー飛んだー、という感じですね。現実の空間では、放物線上を動くのを見慣れているし、それなりに飛ばしたときの感覚もあると思うのですが。

「しかし、ゲームの空間で現実の空間と同じ放物線を描く飛び方をすると、どうしてももったりとした印象になって、スカーンとしたヌケ感みたいなものが出ないんです。ですから、飛び出してスーッと高く上がる感じが必要なのです」

それを聞いたあと、ゲームの画面をよく見てみました。たしかに、そういう形。ゲームをしているときに、なぜ気づかなかったのだろう、と思いましたが、そこは、適度な臨場感と気持ちよさの両方を実現した、その頃合いの「うまさ」とでもいうのでしょう。

それにしても、基本の形が「鯨の背」のようなものだとしても、画面の中で「気持ちよく」飛び、しかも「ウソっぽく」ならない飛び方を見せるのは、逆にむずかしいこと

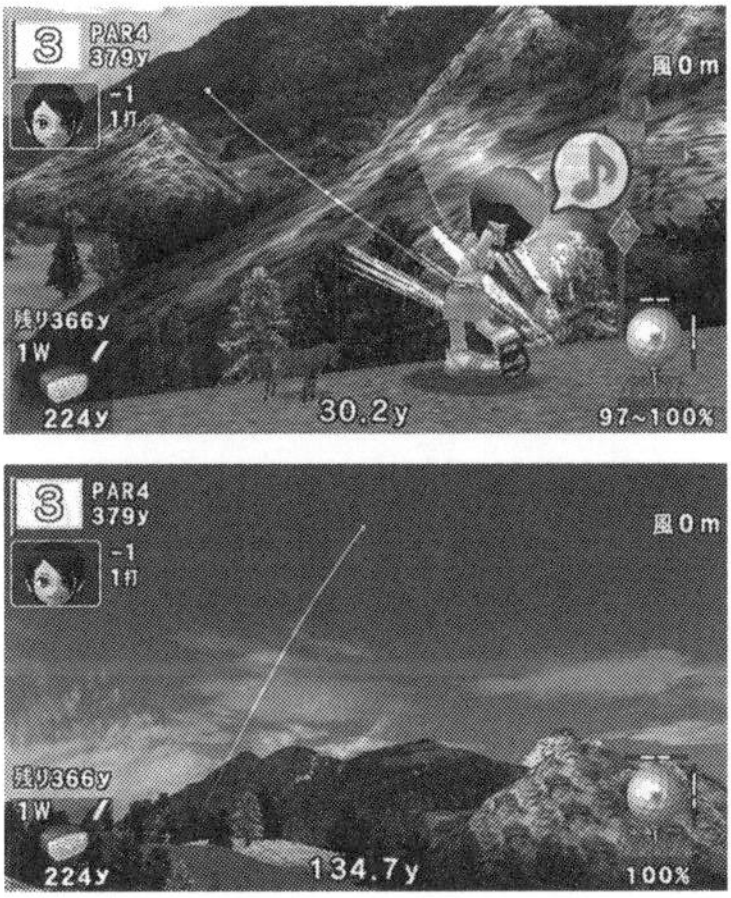
3
PAR4
379y
風0m
-1
1打
残り366y
1W
224y
30.2y
97~100%
3
PAR4
379y
風0m
-1
1打
残り366y
1W
224y
134.7y
100%

「みんなのGOLF」より、ボールを打った場面の画像。
(上) 打った直後、(下) 飛んでいくボール
(©2004 Sony Computer Entertainment Inc.)

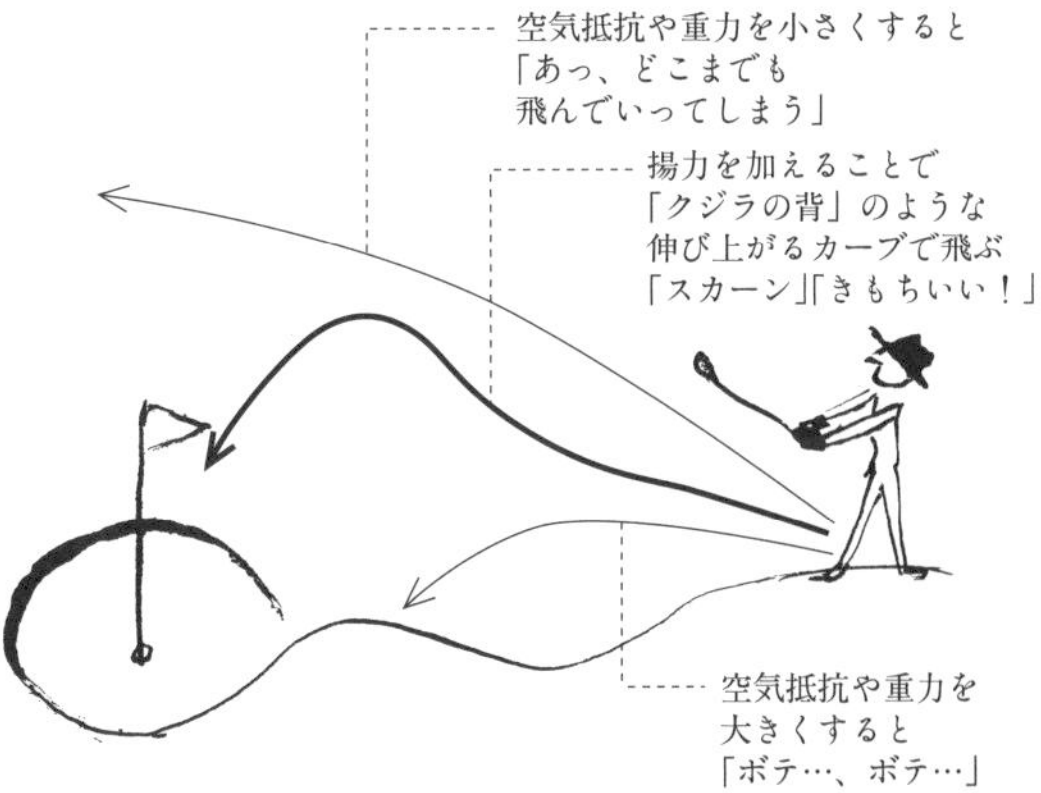
空気抵抗や重力を小さくすると
「あっ、どこまでも
飛んでいってしまう」
揚力を加えることで
「クジラの背」のような
伸び上がるカーブで飛ぶ
「スカーン」「きもちいい！」
空気抵抗や重力を
大きくすると
「ボテ…、ボテ…」

なのではないでしょうか。

「どれも同じ飛び方をしたり、極端に現実離れをしては、ゲームになりません。基本的には『鯨の背』ですが、ここに、『空気抵抗』や『重力』などのパラメーター（媒介変数《ばいかいへんすう》。空気抵抗や重力などそれぞれの条件を決める値《あたい》）を変えることで、いろいろな動きが生まれます」

これも、意外な答えでした。

では、その「気持ちよさ」を実現する最適な数値というか、関数のようなものはあるのですか。

「それはありません。ゲームをつくるときに、画面内で何度もボールを打ち、その弾道を見ていきます。何度も試《ため》して、いちばんよい弾道ができた条件を決めていくのです」

生活の中の技術、本物らしく、臨場感を目指して技術の発展を行ってきたテレビゲーム。人の動きや車、光や水などの描き方は、リアリティを追求していています。しかし、ボールの弾道は、「気持ちよさ」で決めている。最後に頼《たよ》りにしたのは「人の感覚」でした。

わたしたちの生活は、まさにたくさんの技術に囲まれています。そこには、ふつうに使っているだけでは目に見えない工夫があり、それらはいくつもの課題を克服《こくふく》してきた科学者、技術者の努力の成果です。

同時に、それらの技術が生み出そうとしているものは、実際に使うわたしたちの快適さ、心地よさ、満足なのです。

## 台所を見回してみよう

ふだん何気なく使っているものにも、とてもよく考えられた技術が隠れていることが少しでも感じられたでしょうか？　冷凍食品やテレビゲームだけではなく、わたしたちの周りにある科学技術は、科学の理論を利用した技術の組み合わせで成り立っています。

「身近なものに科学技術が使われていると言っても、それらを考え、つくっているのは専門家で、それも設備の整った研究室や工場でやっていることでしょう？」と思う読者もいるかもしれません。たしかにこれまで紹介《しょうかい》した技術は、プロの技術者が科学技術の知識や設備を駆使してつくっているものでした。超高温・超低温、核分裂《かくぶんれつ》のような特殊《とくしゅ》な条件が必要なものについては、それに見合った設備、安全性に配慮《はいりょ》された施設《しせつ》が不可欠です。また、そこで働く人たちは、専門の学問を修めたり、特別な訓練を受けなければならない場合もあります。しかし、必ずしも高度な技術や工業的な設備、精密な機械や計算などがなくても、科学技術が生活に役立つ「もの」をつくり出すことはあります。特に科学の専門的な教育を受けていなくても、わたしたち自身が主体的に科学技術を扱うことができるのです。本当か、ですって？ そうです。ほんのちょっと視点を変えるだけでいいのです。そしてその「現場」はとても身近なところにあります。

台所は「科学」の宝庫。「食を通して世界とつながり、モノや技術が交差する空間」であり、地域の自然条件や食料生産の方法、生活習慣などとも密接な関係をもち、そこで起こることは、物理や化学で扱われる内容が非常にたくさん含《ふく》まれています。ただ、そういう現象を、物理や化学で使う用語で表現してこなかっただけです。コーヒーに砂糖を入れてかき混ぜることを「攪拌する」とか、味噌《みそ》を入れすぎた味噌汁にお湯を足すことを「希釈《きしやく》する」なんて言いませんものね。化学の実験ではふつうのことでも、台所

では別の表現やとらえ方になることがたくさんあります。でもちょっと「科学」の視点を持ち込むと、理解が深まったり、工夫の可能性が広がったりすることがたくさんあります。

たとえば加熱について考えてみましょう。加熱にはいろいろな方法があり、燃料もさまざまです。また、加熱することによって食材の組織が変化したり、味がしみこんだり、風味が増すなど得られる効果も数多くあります。つまり、熱を加えることによって、食材に変化をもたらす科学的作用が起こっていると言えます。

炎《ほのお》を使った加熱、電気を使った電熱器、電磁波を使った電子レンジやIHクッキングヒーターなど、加熱の方法はさまざまです。IH（Induction Heating 火を使わず、電磁誘導によって加熱する）が使われている炊飯器《すいはんき》もたくさん売られるようになったので、おうちの炊飯器を確かめてみてはいかがでしょうか。

さて、熱の伝わり方にもいろいろあります。水の入った材料を加熱するときには、温まった水は上に、冷たい水は下にいくという対流が起こることによって、熱が伝わります。オーブントースターや魚焼きグリルのように、炎や高温の電熱線から熱が伝わる放射熱、加熱されたフライパンで調理することによって起こるのは熱伝導です。料理をつくるとき、熱伝導か、対流か、放射熱のどの方法を選ぶか。わたしたちは意識しないまでも目的に合わせてもっとも適した方法を選んでいます。これらを日常使う料理のことばで言《い》い換《か》えると、対流＝ゆでる・煮る、伝導＝炒《いた》める、放射＝グリルなど。こんなふうに、化学的作用や変化を目的にあわせて日常の言葉で語っているのです。

エネルギー源には、電気やガスがあります。電気は、もともと重油や水力、ウランや風などからつくられます。それぞれ火力発電、水力発電、原子力発電、風力発電となります。こうしてつくられた電気、それにガスが台所にやってきて、私たちは目的に合ったエネルギー源や加熱方法を選びます。お湯を沸《わ》かすために、鍋《なべ》に水を入れ、オーブンで加熱する人はいないでしょう? オーブンは庫内の空気を高温にすることによりその熱を水に伝えますが、空気は熱伝導率の低い物質です。さらに比熱の高い水を温めるのには時間がかかるので、高温の炎にあて対流で加熱した方が失われる熱も少なく、目的の熱いお湯を早く得ることができます。「やかんを火にかけてお湯を沸かす」というごくごく日常的な行動だけでも合理的な方法を組み合わせているのです。

| | 道具と加工 | 保存と廃棄 | エネルギー | 食材 |
|---|---|---|---|---|
| 水 | 浄水器 | 上水→下水 | 湯、水、氷 | 水道水<br>仮想水(＊) |
| 食材 | 調理器具 | 発酵 | 加熱調理 | |
| エネルギー | 加熱器の変遷 | 冷蔵庫 | | |
| 保存と廃棄 | 堆肥 | | | |

図4　台所におけるモノと作用のマトリクス（具体例）
(＊）輸入・消費している農産物や工業製品には、その生産地で供給された水も含まれていると捉え、購入者が間接的に（仮想的に）消費したとする考え方のこと。

熱と同様、台所に欠かせないのは水です。食材を洗ったりゆでたり、調味料を溶解して食材にしみこませたり。また食事の後、食器洗いでは、洗剤《せんざい》を泡立《あわだ》てたり汚《よご》れを洗い流したりします。

台所にやってきて料理や保存など、食べるため、生きるために必要な作業を行い、そして出て行くものはたくさんありますが、整理すると次のようになります。

食材、水、熱やエネルギー、エネルギー源、道具、ゴミ、空気。そして台所で行われる、保存、加工、消費。これらは、それぞれの組み合わせによってさまざまな結果をもたらします。

上の図を見てください（図4）。

台所に集まるものがそれぞれに組み合わさって、調理や保存に必要な環境《かんきょう》をつくり上げています。食材を買ってきて、調理したり、保存したりしてから食べて、廃棄《はいき》にいたるまで、台所にある道具やエネルギーを駆使して毎日を過ごしていることがわかります。科学の専門家でなくとも、日常的に科学が縦横に入り組んだ台所の組み合わせを使いこなしています。

調理をするからには、少しでもおいしいものが食べたい。これは、だれもが抱《いだ》く望みです。そのために良質な食材をどのように調達するか、どんな品物が良質と言えるのか。食材と食材の組み合わせはどんなものがよいか。豚肉《ぶたにく》とキャベツを炒めるのがいいか、ピーマンがいいか、それらを合わせたときの調味料にはなにを選び、どのくらいの量をどんな順番で入れたらいいのか。加熱の方法は？　出汁《だし》の取り方は？　鍋の選び方は？　かき混ぜるタイミングは？　追究の問いは広がるばかりです。そのために、こうしたらおいしくできるのではないかと仮説を立てたり、いろいろな方法を試したり、料理の本を参考にしたり、他の人の経験を取り入れたりしています。これは、「研究」とそっくりではないでしょうか。

## 台所の科学①　「道具と加工＋食材」

適切な加熱の方法を選ぶってどういうことでしょう。道具やその形状、材質は？　みなさんの家のカレー用鍋は、どんな材質でしょうか。鉄鍋？　アルミ鍋？　土鍋？　煮込み料理ですから、厚手で熱が均一にゆっくり伝わり、焦《こ》げにくい素材が適しています。煮込む前には肉や野菜を炒めますから、土鍋よりも炒め物も同時にできる金属製の方が向いている、というように鍋の材質を選んでいます。こうして各家庭の「うちのカレー鍋」が決まります。料理の種類や加熱の方法などを、鍋ごとに整理してみると、私たちがあまり意識せずに「よい加熱方法」を選んでいることに気づくかもしれませんよ。

## 台所の科学②　「エネルギー＋食材」

カレーを煮込むのにどんな熱の伝わり方が適しているでしょうか。

対流熱？　伝導熱？　放射熱？　それぞれの加熱の特性は異なり、

引き出される味もさまざまです。カレーは煮込み料理ですから、対流式加熱を使うのが合理的。全体を一気に加熱してふくらませるケーキや、表面に焦げ目をつけて香《こう》ばしさをつけるグラタンなどなら、空気の熱伝導で四方から熱が供給されるオーブンによる放射熱が適しています。煮込み料理のときに、直接火にかけて対流させるのではなく、オーブンに入れて、空気の熱伝導によって加熱する方法もあるようです。四方から熱が伝わり、その伝わり方もゆっくり、対流しないので食材が鍋の中でおどらず、煮くずれしにくいなどの特長があるといいます。同じ材料で、二つの方法を試し、味やできあがりの違いを比べてみるのもおもしろいでしょう。

ところでさつまいもは石焼《いしや》き芋《いも》がおいしくて、電子レンジで作ったものはまずいということをご存じですか。加熱していることに変わりはないのに、どういうことなのでしょう。

さつまいもの甘《あま》みのひき出し方は加熱する時間に大いに関係しています。さつまいもに含まれるデンプンがゆっくりと温められることによって、β《ベータ》-アミラーゼという酵《こう》素《そ》がゆっくりと働きだし、デンプンを甘みのある麦芽《ばくが》糖《とう》に変えていきます。β-アミラーゼが活性になる温度は、七〇℃前後。この時間帯をゆっくりと通過することができれば、麦芽糖が生成され甘みのあるおいしい焼き芋ができるというわけです。電子レンジは、短い時間で加熱する器具。一気にこの温度帯を通過してしまいます。手軽で便利な道具ですが焼き芋には適しません。

## 台所の科学③「道具と加工＋水」

台所の水道に浄水器《じょうすいき》を取り付ける家庭が全国で三〇％を超えたそうです（二〇〇六年現在）。水道水は、殺菌《さっきん》され安全なものではありますが、飲み水として味に難点のある地域があったり、消毒のための塩素のにおいを敬遠する傾向《けいこう》もあり、少しでもおいしい水を求める気持ちが浄水器の普及《ふきゅう》につながっているのでしょう。浄水器は、おもに活性炭や中空糸（ストローのように中心部に穴がある糸）フィルターを使って、微細《びさい》な不純物やにおいを取り除くしくみです。

活性炭は、多孔質《たこうしつ》といって表面に無数の小さい穴を持つ炭素物質で、体積に対して大きな表面積があることで異物やにおい物質を吸着することができ、水の浄化や消臭剤《しょうしゅうざい》などに利用されています。活性炭というと、よく「炭のことでしょう？」と思う人もいるかもしれません。炭も、活性炭のように多孔質の物質なので消臭効果や水の浄化作用が期待できますが、活性炭に比べると穴の数や細かさに差があり、活性の度合いは低くなります。

活性炭は、石炭やおが屑《くず》などの炭素物質をガスや薬品を使って高温下で処理する（賦《ふ》活《かつ》する）ことにより、小さな穴をたくさん持つように加工したものです。

災害時などに水道が止まってしまったら、活性炭があれば水道が復旧するまでの間、飲み水を確保することができるでしょう。人が生きていくために欠かせない水、そして台所の中心的存在のひとつともいえる水には、微細な穴を持つ中空糸フィルター、水道から絶えず飲み水を送り続けるシステムなど、さまざまな技術が投入されています。

## 台所の科学④「保存と廃棄＋食材」

食べ物を保存しているつもりが、腐《くさ》らせたりカビが生えたりして捨ててしまった、という経験はありませんか。保存と廃棄は紙一重《かみひとえ》。でも、人々は食べ物を保存し日々の食料の心配をしないで食べ続けられるよう、工夫を重ねてきました。

カレーライスには、らっきょう漬《づ》けや福神漬けといった塩漬けにした保存食がつきものです。これらの漬け物は、何カ月も、場合によっては何年ものあいだ食べることができます。生のらっきょうや大根では、せいぜい数日間しか「良い」状態を保つことはできません。

食品が上手《じょうず》に保存できるかどうかは人々にとって死活問題です。生の肉を買ってきて夕食用に調理するなら冷蔵庫に入れておくのが一般的です。でも、もしかしたら今日《きょう》は使わず、一週間後のために買いだめしたものかもしれません。そういう場合は冷凍します。冷凍庫を使って低温に保つことで食品の傷み、微生物の繁殖《はんしょく》を抑える方法です。

保存と調味をかねて味噌漬けにしたり、新巻鮭《あらまきざけ》やベーコンのように塩漬けにして熟成させる方法もあります。しめさばやピクルスなどは酢漬《すづ》けという方法です。食品の保存方法は、食べ方や求める味、食べる時期、その食材の特質などの条件に従って、実はとても「科学的に」適切な方法を選んでいます。

特に発酵は、微生物の代謝を上手に利用した伝統的な保存・加工方法です。発酵食品には、味噌、醤油《しょうゆ》、酒、酢、くさや、かつお節、ぬか漬けやキムチ、アンチョビー、なれ鮨《ずし》、イカの塩辛《しおから》、パンなど多くの種類があり、地域の文化や食材を活《い》かす知恵《ちえ》が詰《つ》まっています。

さまざまな食材を発酵させることにより、保存だけでなく、新たな加工の世界が広がります。

## 台所の科学⑤「エネルギー＋水」

水はエネルギーを加えることによって、湯にも氷にも水蒸気にも変化します。湯は加工調理にはもちろん、飲料としても台所では欠かせないもの。氷も、食品や飲料の温度のコントロールがより容易になるとても便利なものです。台所に水道管が引かれていることによって水が届き、ガス管や電気が引かれていることにより、湯や氷を自在に使い分けることができます。エネルギーと水が届くことによって、わたしたちはご飯を炊いたり、味噌汁をつくったり、シューマイなど蒸し料理……と何種類ものおいしい料理をつくり出すことができるのです。料理をつくるには、水だけではなく食材が必要。食材が、さまざまなルートを通って各地から台所にやってくることはすでにお話ししました。これらがエネルギーや水と組み合わさることによって、台所の一番の機能である料理が行われます。

エネルギー＋食材という枠組《わくぐ》みからは、わたしたちの食卓《しょくたく》を豊かにしてくれる料理が生まれてくることが、毎日の生活の中からも容易に想像できるでしょう。

無数にあるとも思える食材、水、エネルギー、そして道具や加工方法。わたしたちは、これらの組み合わせを自分なりに考えながら、キッチンという「研究室」で実験、実証を繰《く》り返《かえ》している、なんて考えるとちょっとわくわくしてきませんか。どうすればおいしい料理がつくれるか、どうしたらエネルギーをなるべく消費しないで合理的な方法になるのか、食材のさまざまな性質を確かめながら、その性質を利用して料理をつくることができたら、それは「科学」にほかなりません。そしてそれは、生活に直接役立つ科学であり、創造です。

決して、「むずかしい理論」を用いなくても、工夫することで科学の世界のおもしろさを味わえます。

キッチンで起こるさまざまな「科学的現象」の理解は、「おばあちゃんの知恵」などと表現されるような、「経験知」でした。どうすれば味噌がつくれるのか、食品を長持ちさせるにはどうしたらよいか、おいしく調理するための基本的な知恵は？　これらの知識はなにも「科学」という考え方で説明しなくても、方法として受《う》け継《つ》がれてきたことです。

しかしそれにとどまらず、それらの知恵を裏付ける原理やしくみを知っていれば、もっとおいしいものが、もしかしたらもっと簡単に、確実につくれるようになるかもしれません。そんな「挑戦《ちょうせん》」はきっと生活の広がりにつながっていくでしょう。広がりは、工夫であり開発であり、発見。台所で行われる知恵の中には、科学が理解できるたくさんのヒントが詰まっています。

# 第4章　科学はどこまで信じられるのか

## 常識・新説・研究結果はゆく川の流れ？

わたしたちは台所をはじめ、身の回りで起こるさまざまな現象を通して、社会や世界、そして自分の体との強い結びつきを持っています。健康や食べ物は、わたしたちにとってもっとも身近な「科学」です。体によいとか悪いとか、どうすれば健康を保てるとか、医療《いりょう》技術の進歩など、健康に関する科学の知識だけでも繰《く》り返《かえ》し新しい理論、技術、考え方、素材が生まれ、その成果は暮らしに反映されます。簡単に言ってしまうと「説」は変わるもの、なのです。

小学校のころ、虫歯の日（六月四日）のある六月になると歯科衛生士による歯の磨《みが》き方講習がありました。その日は歯ブラシを持参。講習の内容はおおむね次のようなものです。

まず、虫歯をほうっておくとどんなに痛いか、体全体にどんな悪影響《あくえいきょう》を及《およ》ぼすかという内容の紙芝居《かみしばい》などを見せられ、それが終わると歯の磨き方の指導です。歯ブラシの持ち方、動かし方、歯のどの部分を重点的に磨くとよいか、その時間、歯磨きペーストの量などについて細かく説明を受けます。

「毎年毎年、同じことを……」

わたしはこの時間が好きではありませんでした。ところが……。

あるとき、内容が変わったのです。

歯ブラシの動かし方は、去年までは上の歯の場合は歯ブラシを上から下へくるりと回転させるように、下の歯は下から上へ縦に動かし横に動かしてはいけないという内容だったのに、その年は、「そのやり方では、歯垢《しこう》を落とすことができません」と言うのです。そして、歯と歯茎《はぐき》の間に毛先を当てて細かく横に動かすように、と。

変更《へんこう》の説明はありません。いったいどちらが正しいというのでしょうか。どちらも正しくないのではないか……。

このようなことはほかにもあって、以前は、運動中には絶対に水は飲んではいけないとされていたのが、いまでは、むしろ、こまめに水分を摂《と》ることが望ましいと言われるようになりました。マラソンレースの給水シーンは、おなじみの光景です。

ダイエットをしたことのある人はいますか？　ダイエットとはいえないまでも、脂肪《しぼう》分《ぶん》の摂取量《せつしゅりょう》を気にしている人は多いと思います。脂肪の中でも「コレステロールは体に悪い」、「リノール酸は体にいい」というのはほぼ常識のように語られています。

一九六〇年代半ばごろから厚生省（当時）は、コレステロールは高脂血症《こうしけつしょう》や動脈硬化《こうか》など生活習慣病（当時は、成人病と呼んでいました）を引き起こす原因となるという考え方を示しました。それ以来コレステロールの増加を抑《おさ》えるため動物性脂肪の摂取を控《ひか》え、また、リノール酸をたくさん摂りましょうという栄養指導をしてきました。リノール酸は必須《ひっす》脂肪酸のひとつでわたしたちの体の中でつくり出すことができないため、食べ物などから摂取しなければならない栄養素です。リノール酸は、コレステロールを減少させる働きがあると考えられていたからです。「油、特にコレステロールは健康の敵、でもリノール酸ならＯＫ」。こうしてリノール酸を多く摂取するための商品が店頭に並びました。

いまでもスーパーマーケットの食用油の売り場では、大きく「リノール酸」と書かれたラベルの商品を目にします。一般《いっぱん》の人々に「コレステロール、動物性脂肪はダメ、リノール酸はマル」という図式が信《しん》じ込《こ》まれていても不思議はありません。コレステロールを抑えるというのは、健康に、特に生活習慣病を気にしている人には、鉄則のように受け入れられてきました。

ところが、リノール酸を摂取しても、長期的に見て血中コレステロールを下げない、それどころか、アレルギーや炎症《えんしょう》を促進《そくしん》する作用があるという研究結果が出されました。(＊3) リノール酸を摂りすぎると、ぜんそく、花粉症、アトピー性皮膚炎《ひふえん》などを起こしやすくなり、リノール酸ばかり摂取している食生活には問題があるというのです。その研究では、リノール酸の多い食べ物を少なくして、α《アルファ》-リノレン酸の多いシソ油などを使用すると皮膚炎が改善すると報告しています。

ではなぜ、当時の厚生省はリノール酸がコレステロール値を下げると判断し、国民にそれを薦《すす》めたのでしょう？　報告では、リノール酸を一週間ほど使うと、コレステロール値は下がるものの、その後数年間使い続けるとその効果はなくなり、逆にコレステロール値が高くなると伝えています。コレステロール値とリノール酸の関係をほんの短期間調べた結果をもとにして政策を推進してきたためであると結んでいます。

政府や自治体の政策が及ぼす影響はとても大きいのです。人の意識や健康、医療、企《き》業《ぎょう》（この場合は主に食品メーカー）の戦略や商品開発、原料を生産する農家や加工、流通にかかわる人たち、宣伝に伴《ともな》うさまざまな経済活動への影響ははかりしれません。メーカーは「リノール酸がコレステロールを下げる」と売り込みをかけるでしょうし、そのための研究活動も盛《さか》んになり、新たな商品が開発されコマーシャルでも連呼します。健康を題材にしたバラエティー番組もこぞって取り上げ、おなじみのタレントが大きい声で繰り返します。地域の保健所の栄養指導でも保健師などがリノール酸を摂るよう、指導します。

実際に油を食べるのは、わたしたちの体です。政策が変わったから、違《ちが》う研究結果が出たからと言って、自分の体を取《と》り替《か》えるわけにはいきません。わたしたちは、あふれる情報の中から本当に必要な、「正しい」食べ物を見つけなければなりません。「ほんの一週間ほどの実験結果で政策が決定されていたなんて、知らなかった！」「それに対して三〇年以上もの間、反論が出ていなかったなんて、科学者は何をしていたの？」「疑わしいという論文が出たことも、だれも知らせてくれなかった！」だれかに抗議《こうぎ》したい気持ちですが、わたしたちが、「リノール酸がよい」という情報を疑いなく受け入れて来たことにも問題はあったでしょう。とはいえ情報源にアクセスし、実験のプロセスやそれに対する反論などを自分の力で調べる、というのはとてもたいへんなことです。

この問題に関してどの研究結果が正しいか、という結論を出すのには、まだしばらく時間がかかるでしょう。もしかしたらどの結果も間違いである可能性もあります。だれもウソを言おうと思った人はいないのでしょう。「正しい」という基準、「これがよい」という根拠《こんきょ》は、立場や時代、時間の経過、専門家の考え方、新しい研究結果、経済的な力関係などによって、変わることがあると、この事例からわかります。もしかしたら、

「最新の研究結果」も何年かあとには……。また、この結果だけを見てリノール酸がいいとか悪いとか単純には判断できません。体質や生活習慣、環境《かんきょう》などさまざまな要素が影響し合って結果が現れるのですから、広い視野でものを見る必要があります。

身の回りにある情報すべての根拠を自分で確認《かくにん》するというのは、とてつもなくたいへんですが、情報に触《ふ》れるときに日ごろから「どうしてかな」とか、「根拠はなんだろう」と少しでも感じたり、考えたりすることはとても重要なことだと思います。

研究結果や政策がどう変化しようとも、歯を磨くのも、水を飲むのも、油を使うのもわたしたち自身。わたしたちの体は一つしかないのですから。

（＊3）名古屋市立大学薬学部教授奥山治美《おくやまはるみ》氏の研究による。

## 「夢の化学物質」がたどった道

リノール酸の例だけが特別なのではありません。実は、こういう話はたくさんあるのです。

PCB（poly chlorinated biphenyl ポリ塩化ビフェニル）は、自然界には存在しない有機塩素化合物です。耐熱性《たいねつせい》、耐薬品性に優れた安定な物質で、電気絶縁性《ぜつえんせい》も高いなど、工業的に非常に便利な物質だったため、工業原料として幅広《はばひろ》く使われ、「夢の化学物質」などと呼ばれました。日本の工業化が進むとともに需要《じゅよう》が増え、使用量はふくれあがりました。

しかし、「安定な物質である」ということは、なかなか「分解しない」、つまりいったん不要になると廃棄《はいき》処理するのがむずかしいことを意味します。そのような物質であっても、有害な作用がまったくなければ、大きな問題にはならなかったかもしれません。

しかし一九六〇年代、さまざまな研究によってPCBが野生生物の体内に蓄積《ちくせき》していることがわかり、これが生物の生殖《せいしょく》機能に影響を及ぼすことが指摘《してき》されました。日本では、製造過程でPCBが混入した油を食べたことで、皮膚障害や消化器障害、肝《かん》障害などを引き起こすカネミ油症事件が発生しました。油を食べた本人だけでなく、胎盤《たいばん》や母乳を通し胎児や乳児にも影響を及ぼし、生まれた赤ちゃんにまで障害が出る深刻なものとなりました。一九六八年のことです。

安価で便利なPCBにこのような作用があることなど、最初はわかりませんでした。

世界の国々がＰＣＢに対する対策を講じるようになったのは一九七〇年代に入ってからで、日本でも一九七一～七二年にかけて、生産、使用、輸入が中止されました。が、すでに日本では六万トン、全世界では一〇〇万トン以上生産されていたと言われています。ＯＥＣＤ（経済協力開発機構）は、一九七三年にＰＣＢの使用を禁止するよう加盟国に勧告《かんこく》を出しました。そしてイギリスでは一九七七年、アメリカでは一九七九年に新規製造が中止されました。

新たに開発された「優《すぐ》れた」物質を使って産業が発展しているときには、有用な部分は輝《かがや》いて見えるものです。ＰＣＢの輝きは「経済成長」というキーワードが支えました。しかし、いまとなっては、それは一定の条件の中でほんの一面を評価していたにすぎません。

ＰＣＢは現在、国内では製造も販売《はんばい》も中止になり、厳重に保管することになっています。うかつに捨てると環境や生物に重大な影響を与えるのでどこにも捨てられず、とてもやっかいな代物《しろもの》として存在しています。

フロンガスも「夢の化学物質」と呼ばれた人工の物質ですが、現在では、当初予想もできなかったオゾン層の破壊《はかい》という重大な環境問題の原因と位置づけられています。が、すでに空気中に放出されたフロンガスは、どうすることもできません。

さてわたしたちは、これらの事例を教訓として今、便利で有用だとして使い続けているもののなかで、もしかしたら危険な作用を持っているかもしれない「なにか」に対して、どのように接したらいいのでしょうか。今できることは、なんなのでしょうか。

## 「科学的である」はすべてを論破する?

「このままPCBを使い続けると、とてもまずいことになるのではないか?」

こんな予測が出始めたのは、かなり早い時期でした。大量生産が始まったのは、一九三〇年代ですが、一九三七年にはすでに、ラットの実験でクロルアクネの発症や肝臓の損傷がアメリカで報告されています。(＊4)

また、一九六〇年代には前述のようにいくつかの研究結果も出ていました。

最初に動物への影響を認識したときや、有害性が認められるような研究結果が出たときに、「人にも影響があるかもしれない。このまま使用を続けたら重大な健康障害につながる可能性がある」と、だれも考えなかったのでしょうか？

　おそらくこのように考えた人はいたはずですし、警鐘《けいしょう》を鳴らした人もいました。しかし、便利なPCBを使って産業を発展させ経済的に豊かになる、という大きな目標を持った世界の流れを止めることはできませんでした。家庭用の冷蔵庫や洗濯機《せんたくき》、電子レンジのコンデンサ、蛍光灯《けいこうとう》の安定器、化学工業や食品工業における加熱と冷却《れいきゃく》を行うための熱媒体《ねつばいたい》、毛織物などのコーティング、銀行や郵便局、金融《きんゆう》保険業、地方自治体で使う複写の必要な書類に使用するノーカーボン紙……など、多くのものにもPCBが使われていました。もしもこの時点でPCBの製造や使用を禁止したら、代替《だいたい》物質の開発やPCBの使用を前提として設計された機器の製造設備、PCBを使えないために停滞《ていたい》する産業、そこから導かれる失業者の増加などにより経済的に大きな損失を招いたことでしょうし、それを保障するためには、さらに多くのコストがかかります。

　だからといって、いずれ問題が発生することが予測できるのに、それを放置していいはずはありません。予測できる問題が大きければ大きいほど、早い段階で状況《じょうきょう》を見極《みきわ》めて決断をしなければ、問題は経済の損失だけではすまなくなります。被害者《ひがいしゃ》が発生した

PCB
PCB
PCB
PCB

ら一人ひとりの人生を不幸にしてしまいますし、影響は将来世代の人や生き物にまで及びます。

では、その判断の責任はどこにあり、判断するべき人は、だれなのでしょうか。行政かもしれませんし、PCBをつくっている会社、あるいはPCBを製品に使用する会社かもしれません。ではPCBによって、便利な生活を手に入れたわたしたちに、責任はなかったのでしょうか。

「あのときもっと早く中止にしていれば……」という思いを抱《いだ》くのはPCBの問題だけではありません。

熊本県《くまもと》水俣市《みなまた》で、新日本窒素《ちっそ》肥料(現在のチッソ)が垂れ流した有機水銀(メチル水銀)によって多くの人を苦しめた水俣病も、それに続く新潟《にいがた》水俣病(昭和電工の工場廃水による)も、治療に必要な血液製剤《せいざい》に混入していたHIVウイルスによって多くの血友病患者《かんじゃ》の命を奪《うば》ったり苦痛を強《し》いることになった薬害エイズも、「優れた」断熱材として多くの建築物に使われたアスベストも、すべて「安全性が疑わしい」と感じたそのときに対策がなされなかったことによって被害が拡大しました。

なぜ、迅速《じんそく》な対策がとられなかったのか？　対策を講じない理由としてそのとき多くの場面で使われたことばが「科学的に確たる証拠がない」というものでした。危険性が確実だという科学的根拠がない時点では、問題の物質を使用禁止や製造禁止にしたりするなどの政策はとれないというのです。この理屈《りくつ》で考えると、危険性が実験などによって実証され、その結果を国や社会全体が認めるまでの間は、「安全である」ということになってしまいます。

いま、わたしたちの周りには、科学的には危険が証明されていないけれども、安全が危《あや》ぶまれていることがたくさんあります。と同時に、わたしたちの社会はこれまで見てきたように、危機を察知したときになんの対策も打たず放っておいたらひどいことになるという事例をいくつも経験してきました。決定的な危険が立証されていない時点での規制を行うには社会的なコストの負担があることも承知しています。もしかしたらその心配は杞憂《きゆう》で、まったく影響が現れない可能性もゼロではないからです。しかし逆に被害が拡大したら、その影響は膨大《ぼうだい》になります。

科学的な内容を含《ふく》むこのような問題に対して、いま生きて、それらを使用しているわたしたちは、どのように向き合ったらいいのでしょうか。
科学的なデータや手法にのっとって出された結論であれば、ある程度の信憑性《しんぴょうせい》はあるかもしれません。でも、わたしたちは、科学がすべての課題に対して間違いのない結論を導き出すための方法であると思いこんでいないでしょうか。科学というものを過信しすぎてはいないでしょうか？

最近では、携帯《けいたい》電話の電磁波や遺伝子組《く》み換《か》え食品のような新しい技術に関して、メリットとともに、未知の危険性が指摘されているものもあります。それらの危険性に科学的な確証はまだありません。もしも本当に危険性が存在するとしたら、今それらを使っているわたしたちにじわじわと影響を及ぼしているかもしれません。

また、ときには科学的根拠が変化することは、この章のはじめに述べたとおりです。ですから、専門家の言っていることが常に正しいわけでもありません。では、わたしたちが判断のよりどころにするものはなんでしょう。

ここで専門家をも信用できないと単純に考えるのは間違いだと思います。なぜなら、「危険性があるかもしれない」と最初のひと言を発するのも、その危険性を徹底的《てっていてき》に調べる力を持っているのも、科学者であることが多いからです。わたしたちが取《と》り得《う》る最善策は、科学者が見つけてきた専門知を尊重したり利用したりしながら、最終的には自分で判断することです。しかしその判断はなかなかむずかしい。だからこそ、多くの見解を知ること、多くの情報に触れることが大切です。そして、自分の知識と感覚、そう、「嗅覚《きゅうかく》」といってもいいほどの鋭《するど》い感覚を持って、判断の素《もと》を育てていくしかありません。「なんだかヘン」とか「本当に大丈夫《だいじょうぶ》？」と考えることは一見感情的なようですが、このような姿勢が、最終的にわたしたち一人ひとりにとって生きやすい社会をつくり、後悔《こうかい》しない生き方を助けてくれるのではないかと、わたしは考えています。

（＊4）PCB、ダイオキシン類、タールに暴露《ばくろ》したときに生じるニキビ様の皮膚病変。皮脂腺の閉鎖《へいさ》と化膿《かのう》性《せい》病変を主体とし、油症の主な兆候。（『環境科学辞典』を参照して作成）

## 科学の力だけでは解決できないことがある

二〇〇一年に起こったBSE騒動《そうどう》を覚えていますか？　いわゆる「狂牛病《きょうぎゅうびょう》」と呼ばれて、牛がふらふらになって崩《くず》れ落《お》ちるように倒《たお》れる映像がテレビで流されました。

脳がスポンジ状になって機能不全に陥《おちい》り、最後には死亡することもある病気として報道され、BSEに感染《かんせん》した牛肉を食べると人間にも発症する可能性が示されました。

BSEは、牛肉を見ただけでは、どの肉が感染していてどれが安全なのかはわかりません。それでなくとも当時のわたしたちは、スーパーマーケットの棚《たな》に並んでいる肉が、どこで、どんな飼料を用いてどのように育てられ、どのように食肉に加工されたものか、知るすべもありませんでした。牛肉に対する不安が広がり、牛肉の売り上げは一気に落ち、廃業する焼肉店が相次ぎました。このときのことを「BSEパニック」と呼ぶ人もいます。

なぜこのような事態が起こったのでしょうか？　BSEの原因や危険性を科学的に分析《ぶんせき》してパニックを回避《かいひ》す

ることはできなかったのでしょうか？

それにはまず、ＢＳＥの原因や現在までわかっていることなどを整理しておく必要があります。

ＢＳＥは正常なタンパク質を異常な形に変えてしまうプリオン病という病気の一種です。プリオン病の中ではヒツジが発症する「スクレイピー病」という病気が古くから知られていましたが、人には感染しないものでした。そのためＢＳＥもスクレイピー病と同様、人に感染しないと考えられていたのです。ところが、一九九六年、イギリス政府は、ヒトの「変異型クロイツフェルト・ヤコブ病」という病気の原因が、ＢＳＥである可能性があると公式に発表したのです。ＢＳＥは人に感染する、という見解を一国の政府が公式に認めたことを意味します。

ＢＳＥが人に感染する病気であるとなれば、たいへんなことです。ＢＳＥに感染している可能性のある牛が食用に流通してしまったら、危険な食べ物が店頭に並ぶことになります。行政処置の適切な方策はなにか。感染経路や、発症のメカニズム、人が発症してしまったときの対処法、感染牛の処理方法など「わからない」ことがたくさんありま

ステーキ店の前には、狂牛病騒ぎの窮状を訴える張り紙が登場した
(朝日新聞2001年10月19日付け朝刊東京版掲載)

した。専門家にとっても、未知の部分が多かったこの問題は、「科学的根拠にもとづいて」行政的な対応をすることがとてもむずかしかったのです。

「科学的根拠」が使えない。それでは何をよりどころにするか？　その回答はどこにもありませんでした。要するに、どうしていいかわからなかったのです。

一方、ＢＳＥについて一般の人が持っている情報といえば、牛が倒れ込む衝撃的《しょうげきてき》な映像と閑散《かんさん》とした焼肉店、「怖《こわ》いから食べたくない」という一般の人のコメントなど、断片的で表面的ものばかり。ＢＳＥに関する本質的な理解や、自分なりの対処ができる状態ではなく「脳がスポンジ状になる」ことを恐《おそ》れて「食べさえしなければ大丈夫」と結論するほかありませんでした。

わたしたちは、「科学的」であるかどうかで物事の信頼性《しんらいせい》を測ることに慣れてきました。しかし科学はすべて社会的、政治的決断の伝家の宝刀とはなり得ないことがBSE騒動をはじめとして多数起こっています。科学とわたしたちの関係を見直す大きなできごとがBSE問題でした。

## いま起こっている科学の問題を、どうやって学ぶ？

いま、身の回りで起こっている、起こりつつある科学的な問題に自ら判断を下すと言われても、困ってしまいますね。

理解しやすくて的確な情報はどこにあるのでしょうか？　いざ勉強をしようと思っても、なんの地図もガイドも持たず大海原《おおうなばら》に乗り出すような途方《とほう》もない気持ちになってしまいます。

勉強すればよいというほど話は簡単ではありません。問題はひとつではないし、より詳《くわ》しい専門の本は、すぐに理解できるものばかりではありません。異なる見解があることも珍《めずら》しくありません。一冊読み切るころにはまた新たな問題が出てきてしまうかもしれません。社会で起きている出来事や科学的な内容を理解するために必要な学習ができればよいのですが、その方法を見つけることはたいへんむずかしいと思います。

科学的な問題なのだから、学校で習った理科を復習すればよいのでしょうか？

学校の理科は、自然科学の基本的な理解のためにカリキュラムがつくられています。現実社会で起こっている問題を理解したり、考えのよりどころや方向性を見つけて判断ができるようになりなさいと言われても、無理難題というものでしょう。それに、すでに学校を卒業してしまった大人《おとな》にとっては、科学の専門家や理科の先生などにならなければ、科学自体を勉強する機会も、場所もなかなかありません。

社会の中の科学的な事柄《ことがら》に関するテーマとして「エネルギー」を例にとって考えてみましょう。

エネルギー問題とは、なにか。将来のエネルギーの需要をどのように満たすか、エネルギー使用の抑制《よくせい》、二酸化炭素による地球温暖化、二酸化炭素の排出《はいしゅつ》を伴わないエネルギー源など、多くの課題があります。太陽光を利用した発電や、燃料電池といったことばを聞いたことのある読者も多いことでしょう。また、生物資源の利用、とくに森の間《かん》伐材《ばつざい》を燃料としたバイオマス発電も注目されている技術です。

忘れてならないのは、原子力発電の利用です。将来のエネルギー需要の増加と石油資源の減少を前提に、化石燃料に代わるエネルギーとして原子力発電所の建設は進み、現在は日本で五五基が稼働《かどう》しています（二〇〇六年四月現在）。しかし、一九八六年、ソビエト（当時）のチェルノブイリ原発事故をはじめ、一九九五年高速増殖炉《ぞうしょくろ》「もんじゅ」で起きたナトリウム漏《も》れ事故、一九九九年には茨城《いばらき》県東海村でJCO臨界事故が発生し、死者も出ています。核燃料《かくねんりょう》サイクル施設《しせつ》での事故や原子力施設でのトラブル隠《かく》しが明るみになり、一つ間違えれば取り返しのつかないことになるというリスクと隣《とな》り合《あ》わせの技術であることがわかります。使用済み燃料の処理や施設の老朽化《ろうきゅうか》に伴う放射性廃棄物の処理について、今後問題は大きくなるばかりです。

原子力発電に反対の立場から、こうした多大なリスクを負いながらも続けていくよりも、代わりになるエネルギーを探し、足りない場合はエネルギー消費を抑える方法を考えようという人もいます。その一方で、原子力発電を推進しなければエネルギー需要を満たすことができず、原子力こそ人々の生活に貢献《こうけん》するという考え方もあります。

原子力の問題は「国論を二分する」などとも言われますが、自分なりに推進か反対かを判断するには、原子力の科学的な基礎《きそ》知識だけではなく、技術や事故の歴史、これからの社会、自分たちの暮らし方、政治や電力会社の目的や立場、経済的な効果と損失、新しい技術の開発など、ありとあらゆる角度からの知識や判断力が必要です。

「エネルギー」というテーマ一つとっただけでも、自分なりに勉強するには膨大な情報と格闘《かくとう》しなければならないということが想像できるでしょう。ちょっと頭がくらっとするほどの作業です。

そもそもわたしたちに、エネルギーについて学ぶ機会があったのでしょうか？

中学校の理科の学習指導要領で、「エネルギー」ということばが使われている部分を探してみました。理科で使う「エネルギー」は、社会におけるエネルギー問題を理解するところまでは扱《あつか》っていないようです。たとえば、中学生の理科「第一分野の目標」では、「物体に働く力と運動を関連付けてとらえさせ、エネルギーについての初歩的な見方や考え方を養う」。「物質やエネルギーに関する事物・現象を通してエネルギーが互《たが》いに変換《へんかん》できること（中略）相互《そうご》変換によってその形を変えても、エネルギーそのものは保存されることなどを知る。エネルギー概念《がいねん》が無理なく形成されるためには、日常生活の身近な事象の中から生徒自身が疑問を持ち、探求的な活動を重ねていくことが必要である。その活動を通じて、エネルギーの形には、人間にとって利用しやすいものと、利用しにくいものがあることを知り、エネルギーの有効利用に関心をもたせる」。やっとそれらしきものが出てきました。

またこれらのまとめとして、「科学技術と環境との調和は二一世紀の大きな課題であり、科学技術なくしては環境問題の解決は難しいこと、それに関連して、限られたエネルギー資源の有効利用が大切であることを認識させる」とあります。

第一分野の内容では、全部で七項目《こうもく》あるうちの七番目で「科学技術と人間」の単元があります。ここでは、「エネルギー資源の利用と環境保全との関連や科学技術の利用と人間生活とのかかわりについて認識を深めるとともに、日常生活と関連付けて科学的に考える態度を養う」とありました。九年間の義務教育における理科教育の中で、社会と環境と科学技術について学ぶとしているところはここだけです。(『中学校学習指導要領(平成十年一二月)解説―理科編―』による)

さて、エネルギーということばが出てくる教科は、じつは理科だけではありません。なんだと思いますか？それは、家庭科。家庭科では、エネルギーは熱量としてとらえられます。一番身近なのは、カロリー計算をするときです。

学校の勉強から離《はな》れると、エネルギーというのはまた別のニュアンスで使われることが多くなります。アニメーションやテレビゲームなどでは、エネルギーはむしろ「燃料」という意味合いで使われることが多いようです。その影響か、「疲《つか》れ果《は》てた」という意味で「エネルギーを使い果たした」と言ったりします。科学の世界で使う「エネルギー」という用語と、やや文学的というか漫画《まんが》的《てき》というか、日常用語として使われる「エネルギー」。科学で言う

「エネルギー」と日常用語の「エネルギー」の間のグレーゾーンに、資源という意味や太っちゃうという意味での摂取カロリーとしてのエネルギーという使い方が混在しています。

わたしたちが日常で使う「エネルギー」、これらを総合的に理解するためには、身近な現象や問題をつなぎながら考えることが大切です。

学校の授業で学ぶ基礎となる知識をきちんと学ぶことは大切です。そしてそれぞれの分野を超《こ》えた交流が、社会が科学技術を使いこなしていく上で欠かせないものになるでしょう。原子力問題においては、物理学、医学、社会学など多くの問題を含んでいます。それらの「分野」を横断できる共通のコトバと、コトバを交《か》わすテーブルが必要です。

第5章　生活実感をモトにした工夫《くふう》が、科学につながる

## 一部だけを抜《ぬ》き出《だ》すと、三万円の鉄板

「あー、それだと三万円くらいかかっちゃいますよ」

高いことは予想していましたが、その金額は愕然《がくぜん》とするのに十分な数字でした。わたしは、一三年ほど使ったホットプレートを修理したいと思っていました。そのホットプレートは鉄板が取り外せるタイプで、鉄板部分を丸洗いできて便利に使ってきたものです。鉄板には、フッ素樹脂《じゅし》加工が施《ほどこ》されていて、焦《こ》げ付《つ》きの心配はなく、昔のただの「鉄の板」よりもずっと簡便に使えて「技術」を感じました。

ところが何年か経《た》つとフッ素樹脂加工がはがれ、その部分が焦げ付くようになってきました。当然、もっとも使用頻度《ひんど》の高い真ん中の部分の傷《いた》みは激しく、いくら油を塗《ぬ》っ

ても焦げ付きは重なるばかり。焼き肉が楽しくなくなりました。買《か》い換《か》えようか……でも傷んでいるのは、鉄板の表面塗装《とそう》だけで、ヒーターを含《ふく》めた本体部分はなんの問題もありません。買い換えは、もったいない……。

メーカーに電話して、鉄板部分だけを購入《こうにゅう》したいと言うと、

「あー、その機種ですと付属品の製造も終わっています。在庫もありません」

というにべもない答え。

「でも本体はまだ使えるのでもったいないんです。なんとかなりませんか？」

「申し訳ありませんが、なにぶん、在庫がないのでこちらでは……」

歯切れの悪い答えです。あきらめきれないのでもう一押《ひとお》ししてみました。

「では、こちらの手元にある鉄板のフッ素樹脂加工をしてもらうことはできませんか？」

「い、いやー、そういうことはやってないんですけど」

「やっているかどうかを聞いたのではなく、できないかどうか聞いているんだ！」

最後のひと言は心の中で叫《さけ》びました。しどろもどろの担当者もかわいそうですが、納《なっ》

得《とく》がいきません。もしこのとき、

「通常はやっていませんがなんとかできるようにがんばってみます」

とでも言ってくれれば、まちがいなくこのメーカーのファンになったところですが、ふがいないことこの上ない答え。結局は「買い換え」をすすめられて終わりました。要するに、捨てろということです。買い換えてもらった方がメーカーとしては儲《もう》かるとはいえ、なんの問題もない本体部分まで捨てなさいなんて、あまりに理不尽《りふじん》です。わたしはあきらめきれませんでした。そこで今度は、フッ素樹脂加工をやっている町工場にトライしてみることにしました。住まいから比較的《ひかくてき》近い地域に、かつて「世界の部品工場」といわれた街があります。日本の産業を支えていたその街になら、「よし、やりましょう」と言ってくれる会社があるかもしれないと思いました。

インターネットで地元の産業団体のホームページを見つけ、そこに登録している会社の中から業態の近い一軒《けん》に電話をしてみました。

電話の向こうでは、機械が規則的に動く音がします。いかにも、工場に電話したという感じがなんだかうれしい。町工場に一般《いっぱん》の消費者から電話がかかってくることなどあ

まりないのでしょう。「いったいどんな人だろう」といった気持ちが伝わるようなちょっととまどった口調でしたが、

「担当者を呼んできますので、ちょっとお待ちくださいね」と言ってくれました。

そして電話に出た人に事情を話すと……、

「うーん、お話はわかりました。たしかにうちではフッ素樹脂加工やってます。でも中古品となるとねー。できないことはないんですけど……」

フッ素樹脂加工はできる。メーカーからの発注なら、同じ形状のものを何百枚も何千枚も加工するから、ラインで流せば省力化でき値段も安くできる。しかし、一枚だけだと、その形状に合わせて塗布の具合を見なければならないので、手作業でなければできない。しかも、古い塗装をはがさなければならない。これは新品にはない工程である。やってもよいが、値段は三万円くらいかかる、ということでした。

メーカーからの大量受注、機械化した流れ作業、スケールメリット……。いまの産業の理論そのままです。わかっていたことでも、町工場の人から直接聞くと、個人として打つことができる手だてはないように思えました。最後に、

「ですから、メーカーさんの新品を買っていただくのがいちばんお得なんですよ。わたしたちもそれで儲かっているので、どんどん買ってください」

と、冗談交《じょうだんま》じりに本音を言ってくれました。

本体は一万円前後。鉄板の塗装に三万円。技術的には可能、しかしコストの壁《かべ》……。このしくみに首をかしげ、腹を立ててもしかたがないのでしょうか。

大量生産で、同じ形のものをいっぺんに大量につくれば、労働力や機械一台あたりの生産性が向上して、商品一個あたりの値段は安くなります。しかし修理にスケールメリットなど望むべくもありません。ダメになったのは表面のフッ素樹脂加工だけなのに、中身の鉄板や本体まで捨てなければならないなんて。こんな生活者としての感覚よりも、経済のほうが優先されるしくみが動いていることが、なんだかヘンです。資源のむだ遣《づか》い、環境《かんきょう》への配慮《はいりょ》、もったいないというものを大切にする気持ち。こうした「もったいない」という感覚を市場原理に組みこむことはできないでしょうか。

生産から流通、購入、使用、修理の関係が一見なめらかなようですが、生活の現場、生活者の望みが取り残されたシステムをどうすることもできないのでしょうか。この気持ちをもとにして製造工程、修理、長期間使用、ものの有効利用を両立させるシステムを考えることがぜひ必要だと思います。そのとき力を発揮するのが、生活者の感覚です。生活者も一つひとつの出来事に対して、おかしいと感じる力、どの部分がおかしくてどの部分を改善したいかを分析《ぶんせき》して考察する力を持つこともとっても重要です。そこから、メーカーも、下請《したう》けの工場も、生活者も、鉄板も幸せな組み合わせをつくることができるはずです。実際に環境に配慮した商品や消費者の希望をとり入れた商品が徐々《じょじょ》に現れてきています。

## つなぐことの大切さ、おもしろさ、合理性

目的に対する道具や技術などにいくつかの選択肢《せんたくし》がある場合、自分の生活にはどれが一番適しているのか考えることはとても大切なことです。

わたしは冬になると、暖房《だんぼう》には石油ストーブを使っています。「いまどき？」という人もいますが、いろいろな暖房器具を使って、やはりこれが一番だと思っています。灯油が切れたら給油をしなければいけないし、ストックの灯油が切れないように毎週販売《はんばい》

店《てん》が来る日にポリタンクを出しておかなければならないし、換気《かんき》は必要だし、いろいろわずらわしいことはあります。が、「暖房」器具として欠かせない特性を持っていると思います。

炎《ほのお》が見えること。炎が見えるということは、ただ単に部屋の中の温度が上昇《じょうしょう》するという以上の温かい効果をもたらしてくれます。部屋の中に、オレンジ色に燃える炎があるというだけで、冬を暖かく過ごしている今の暮らしへの感謝の気持ちがわいてきます。

料理もでき実用的です。これは、エアコンやファンヒーターにはできない芸当。鉄の鍋《なべ》をストーブの上にのせてもちを焼くと、それほど焦げの心配もなくたえず裏返す忙《いそが》しさからも解放されて、こんがりと焼き上がります。焼《や》き芋《いも》もおいしい。アルミホイルに包んで鉄の鍋に入れふたをしておけば、ふっくらと甘《あま》い焼き芋ができます。理想的な調理条件だと思います。

冬の昼食はうどんやラーメンがありがたいものです。そのために湯を沸《わ》かすのは、ストーブの仕事です。沸くまでの時間こそかかりますが、吹《ふ》きこぼれの心配がなく、原稿《げんこう》を書くのに集中できます。十数分で約二リットルの熱湯ができ、熱いお茶がいつでも飲めます。お湯が沸いたら、ステンレス製のポットに移します。電気ポットのお世話にならなくても、冬のさなかにいつでも熱いお湯が使えるのは、なんという贅沢《ぜいたく》でしょう。もともと暖房を目的としていますので、お湯のため、おもちのため、焼き芋のために新たに燃料を消費しません。エアコンで暖房をし、電気ポットでお湯を沸かし、オーブンで焼き芋をつくり、ガスコンロでうどんを調理するよりも、ずっと経済的です。

でもわたしは、まだまだこの熱を有効に上手《じょうず》に利用する方法があるはず、と悔《くや》しさも味わっています。

お湯をいくらでも沸かせるとは言っても、保存するポットの容量には限界があります。せいぜい二リットルくらい。このお湯を一日中沸かしておき、その沸かしたすべてのお湯を有効利用できたらどんなにいいか、と思わずにはいられません。高温のまま保存してお風呂《ふろ》に使うことができれば最高です。沸かしたお湯を、家の床《ゆか》や壁の中に埋《う》めたパイプに通

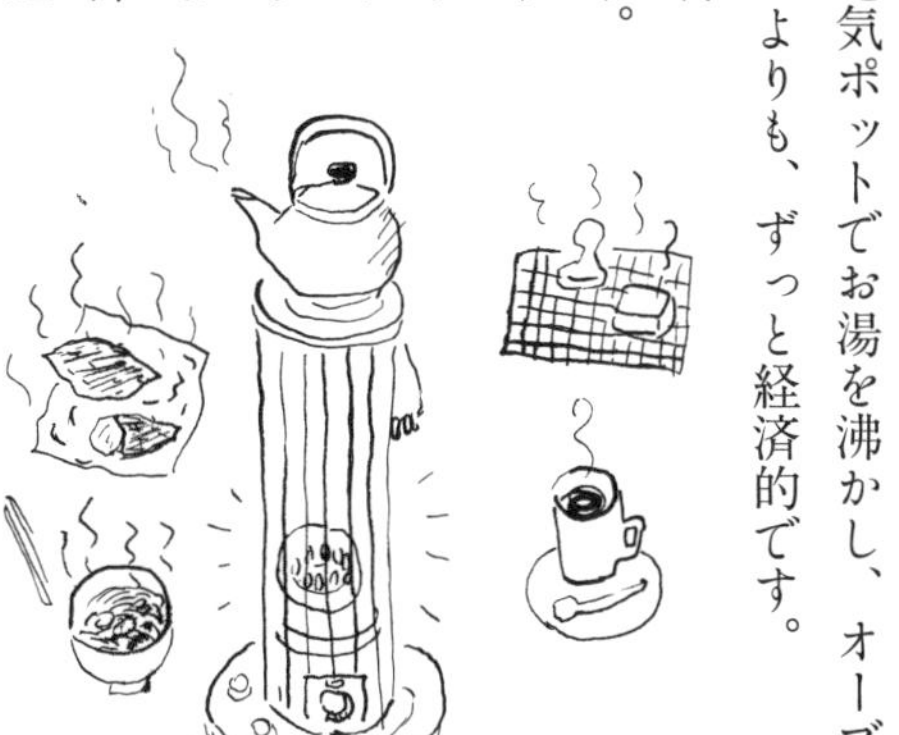

して昼間は使わない寝室《しんしつ》の暖房に使ったら、夜中も安全に暖かくできます。暖房、給湯、台所など個々の側面に注目してそれぞれ技術開発を進めるのではなく、「温度」という枠組《わくぐ》みで家全体を考えるのです。「先端《せんたん》技術」というお高くとまった言い方ではなく、ちょっとした工夫にすぎませんが、とても合理的です。この方法が進み、すべての建物に取り入れられればと考えると、エアコンの省エネ率を上げるための技術開発や地球温暖化を抑制《よくせい》するための技術開発に邁進《まいしん》しているのがなんだか滑稽《こっけい》に思えてきます。

## 暑さと涼《すず》しさをめぐる温度のマジック

適切な温度を得るための工夫は、冬だけではなく、夏にもとても大切なことです。暑い夏、涼しさを得るためにはいろいろな工夫がされてきましたが、現在普及《ふきゅう》している方法は、エアコンによる冷房です。冷房は、家の断熱性や機密性を高めて内部を冷房し、あたたまった空気は外に捨てるというしくみです。都心部ではヒートアイランド現象が起こっています。外気とのつながりをシャットアウトして内部だけを涼しくするためにエネルギーを使う。エアコンの電力使用量の増加を解決するために、エネルギーの供給量を増やし、そのための技術開発として原子力発電所や新エネルギーの開発に邁進したり、エアコンの消費電力を少なくするための技術開発を行う。こうして考えると、技術の方向のちぐはぐさが浮《う》き彫《ぼ》りになります。そこに新たな提案ができるのは、生活の中から生まれる、「ここところを結べば合理的な関係ができるんじゃないか」と感じる、暮らしのサイズにあったサイエンスです。高度な科学技術ではなく、生活する人のちょっとしたアイデアや工夫が力を発揮するかもしれません。

寺田寅彦《とらひこ》は随筆《ずいひつ》の中で、「涼しさ」に関する興味深い分析をしています。「涼しさは瞬間《しゅんかん》の感覚である。持続すれば寒さに変わってしまう。（中略）涼しさは暑さとつめたさとが適当なる時間的空間的週期をもって交代する時に生ずる感覚である（中略）暑さがなければ涼しさはない」（「涼味数題」『寺田寅彦随筆集第四巻』岩波文庫）

寅彦はこの分析を「自己流の定義」とも言っていますが、「涼しい」ことから感じる快適さを言い当てているように思います。

環境共生型住宅を提唱する甲斐徹郎《かいてつろう》さんは、住居の快適な環境について、わたしたちの体が感じる温度とはなにか、快適さはなにかをわかりやすく説明しています。簡単に言うと、夏、閉めきってクーラーで冷やす部屋が必ずしも快適とはいえないということを、とても「科学的」に考察しているのです。

わたしたちが「涼しい」と感じるのはどのようなときか、ちょっと思い出してみましょう。冷房で空気の温度を下げた部屋でしょうか？　たしかに夏の暑い日、炎天下《えんてんか》を歩いてきてクーラーの効いた部屋に入ったときの一瞬は、「あー、すずしー」と声が出るほど気持ちのいいものですが、それはほんのひとときのことです。しばらく経つと寒くなってきて、体の芯《しん》まで冷えてしまうことも少なくありません。だからといって、冷房の設定温度を上げればよいのでしょうか。

夏の昼休み後、走り回ってきて席についてもなかなか汗《あせ》が引きません。そんなとき、下敷《したじ》きでぱたぱたと顔や体を扇《あお》いで涼しさを感じていたときのことを思い出しませんか？　ぱたぱたと手元で扇いでもべつに教室の気温が低くなるわけではないのに、確実に涼しくなっていたではありませんか。これはまさに熱の移動なのです。

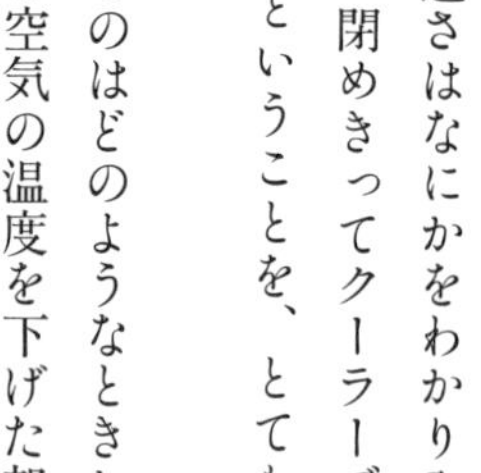

暑かったら扇ぐ。空気の流れをつくり、温度の移動を起こす。生活実感として特に意識もせず取り入れてきた感覚なのに、ひとたびエアコンの温度設定のコントロールパネルを見るとそのことをすっかり忘れて、三〇℃では暑い、二八℃でも暑いと、どんどん温度設定を下げ、窓を閉め切った室内をつくっていませんでしたか。

暑い時期に部屋の中を冷房を使って二〇℃に下げたとしても、家の壁や窓ガラス、床、ベランダなどが四〇℃もあると、体感温度は三〇℃程度となり、設定温度二〇℃でも涼しくもなく、快適ではありません。暖められた外部の放射熱が、冷房をしている室内を暖めてしまうのです。たとえ、外の気温が三四℃でも、風があり熱の移動があれば、涼しく快適です。窓辺に植物などを置いておくと、外から吹いてくる風はもっと涼しくなります。気化熱の働きです。気化熱と放射熱を上手にコントロールするシステムを家のつくりに生かせば、エアコンに頼《たよ》らなくてもほどよく快適な環境をつくることができます。このように熱のコントロールをするのに、科学の専門知識や研究室は必要ありません。

「放射熱」「気化熱」は、いずれも理科で習う初歩的な内容ですが、わたしたちはその知識を家の環境づくりには生かすことができずに、結局エアコンの技術革新に依存《いぞん》してしまっています。ほかにも学校で学んだ理科の身近な知識を暮らしに応用できる部分はたくさんあるはずです。

わたしたちが夏の涼しさを求めるのに依存しきっているエアコンですが、これは電気を利用した機械です。電気はとても便利なエネルギーですが、電気を使わなくても十分に役割を果たす道具はたくさんあります。むしろ、電気を使うよりもいい結果が得られることもあります。電化や自動化が本当に必要な部分、技術の革新が必要な部分とそうでない部分をよく見極《みきわ》める目を持つことが必要だと思います。

## 非電化という挑戦《ちょうせん》から学ぶこと

「理想の電化に電源群馬」

水力発電が発電の主流だった明治から昭和初期にかけて、水力発電の供給地域であることを誇《ほこ》らしく歌った、群馬県に伝わるカルタの「り」の札です。水資源の豊富な群馬県は、豊富な水資源を活用して、古くから水力発電が開発されてきたのです。

「上毛《じょうもう》カルタ」というこのカルタができたのは、昭和二二年。いまよりも水力発電の比率が大きく、さらに電気の消費量が圧倒的《あっとうてき》に少なかった時代。水力発電の開発が電化を促進《そくしん》するという意識に基《もと》づいた、前途《ぜんと》明るい読み札です。「理想の電化」は、群馬県の人のみならず、日本中の人が、もしかしたら世界中の人が求めた価値観でしょう。

その後電気を生み出す手段は移り変わり、火力、原子力、そして新エネルギーと呼ばれるさまざまな方法が提示され実行もされてきました。そして「理想の電化」という価値観はいまもって王道を歩き続けています。

電力会社などは「理想の電化」よろしく、「オール電化住宅」の普及・販売に熱心ですし、安全、クリーン……といったキーワードとともに、ガスではなく電気で料理をするIHクッキングヒーターの販売にも力が入っています。

電気があまりに便利なエネルギーであるため、わたしたちはいつのまにか「便利とは電気を使うことだ」「電気でなんでも解決できる」と思いこんでいないでしょうか。電気を使う方向で研究開発の発想をすることに慣れきってしまいました。

それを象徴《しょうちょう》するかのような商品が、飛行機の機内通販カタログに掲載《けいさい》されているのを見つけました。あまりのばかばかしさにある種のさみしささえ感じ、苦笑しました。

「機械式自動巻腕時計用電動自動巻き上げ機」

なんじゃ、こりゃ？　声を上げたくなるほどです。なにかというと、機械式自動巻きの腕時計《うでどけい》を電力を使って起こした振動《しんどう》によって自動的に巻き上げる装置です。

自動巻腕時計は一部の人たちの間で人気があり、コレクションであればいくつも所有するのが目的。「お宝」ですから毎日使うような代物《しろもの》ではありません。

機械式時計のムーブメントは、長く作動させないと機構が劣化《れっか》する場合があるため、コレクターは定期的に時計を振《ふ》って巻く作業が必要です。そこで登場するのが、この「機械式自動巻腕時計用電動自動巻き上げ機」というわけです。

機械と電気の有効な使い方から考えたらこの上なくばかばかしい機械です。自動巻時計を発明した先人の工夫も、電気を供給するために払《はら》われた多くの努力もむだにする発想だと思えてなりません。世界のエネルギー事情やわずかな電気を使用することもできない地域に暮らす人がいることにも想像が及《およ》ばず、ただ目の前の電気が湯水のごとく使えるという発想だけがそこにあります。

電気について、共著者の佐倉統《さくらおさむ》さんからこんな話を聞きました。佐倉さんは昔、野生のチンパンジーを研究していたころ、西アフリカのギニア共和国で暮らしていたことがあります。日本では当たり前のように整備されている電気や水道、ガスなどのインフラは整っておらず、調査地であったボッソウという小さな村にはこれらがなんにもありませんでした。月に一回、お祭りの晩になると、ディーゼルで動く発電機を回して大きな音でダンス・ミュージックをかけ、村中総出で一晩中踊《おど》り明《あ》かします。電気は、本当に貴重な、お楽しみのための手段なのでした。

首都のコナクリでは、さすがに電気も水道もありましたが、しょっちゅう停電になっていました。各家庭に安価で安定した電気が供給できるだけのしくみも整っておらず、電気を引いていない家もたくさん見られました。

そんな中、夜通し、皓々《こうこう》と明かりがついている場所といえば空港です。空港の街頭の下には、食い入るように本を読んでいる若者が。聞けば大学生とのこと。自宅は非常に狭く、三世代同居でとても落ち着いて勉強できる環境《かんきょう》ではないから、毎晩空港の明かりの下で勉強しているんだということでした。

日本にいると、本当に何もかも便利です。でもときには、自分の家の明かりを眺《なが》めながら、この電気がどこから、どういう風にやってくるのか、そしてそれを維持《いじ》するためにどれだけの人が汗水《あせみず》たらして働いているのか、想像してみるのもいいのではないでしょうか。

眺《なが》めるために電気を使う。楽しみのための消費がすべていけないというわけではありませんが、この商品を見ているとわたしたちの社会の電力使用は行くところまで行ったのだろうかと考えてしまいます。わたしたちは電気さえ使えるなら何をしてもいいのか、と思わざるを得ません。このような使い方になんの疑問も持たない一方で、省電力のための技術革新に邁進するのは、滑稽です。

とはいえ、毎日の暮らしが便利な電気製品に囲まれて成り立っていることに変わりはありません。わたしたちも、知らぬ間に「機械式自動巻腕時計用電動自動巻き上げ機」のようなことをしているかもしれません。たとえば、この原稿を書いているパソコンの電力消費だって、インクと原稿用紙があればよいではないか……という本気の問いかけには対抗《たいこう》できないからです。

電気の便利さを認めつつも、電気を使わなくてもそこそこ成果を得られて便利で、そしてプロセスも楽しくなる。こんな「非電化製品」を発明しているのが、第2章で紹介した藤村靖之《ふじむらやすゆき》さんです。

藤村さんは、「非電化冷蔵庫」を開発しました。電気製品に代わる道具なら、掃除機《そうじき》には箒《ほうき》とちりとり、洗濯《せんたく》には洗濯板とたらい、炊飯器《すいはんき》には文化鍋（炊飯器が普及する前に主にごはんを炊《た》くのに使っていた鍋。ふつうのお鍋でもOK）といろいろ思いつきはしますが、「冷蔵庫」とは！　冷蔵庫は、そもそも電力を前提に開発された機器ですが、電気を使わずにつくってしまったというのです。いったいどういうことなのだろうと思われる読者のためにちょっとだけお教えしましょう。その前に読者のみなさんも、どうすれば電気を使わず「冷蔵」を実現できるのか、考えてみるのはいかがでしょうか。

まず、冷蔵庫の貯蔵室を熱伝導率の高い金属でつくり、その周囲にはたっぷりの水を充塡《じゅうてん》し、周囲を断熱材で覆《おお》い外部との熱の出入りは遮断《しゃだん》します。貯蔵物の熱は水に伝えられ、水は自然対流することにより熱は上部に移動します。冷蔵庫の上部には放射板を取り付け、熱は外部に放射されます。入る熱を遮断し、内部の熱を放射することで内部が冷えていくというしくみ。晴天の夜が三日に一度あれば、真夏の昼でも庫内を七〜八℃に維持《いじ》できるのだそうです。

藤村さんは、非電化製品を開発するのは、電気を否定するためではない、と言います。ただ、なんでも電気と化学物質を使って解決しようとする技術の方向を変えたいという気持ちを強く持っているのです。冷蔵品が冷蔵された状態で流通し家庭の電気冷蔵庫の消費電力が上がっている、売る側のスーパーやコンビニでもがんがん冷蔵庫を使う、冷蔵設備が整っているのに保存料などの食品添加物《てんかぶつ》が使われている、という現状の矛盾《むじゅん》を鋭《するど》いながらも楽しく指摘《してき》しています。

わたしたちの暮らしのなかに、エネルギーのむだや自然界の中にない化学物質を使うことに少しでも矛盾があるなら、少しでもそれらを減らそうということはよく言われます。単に消費を減らすとか、環境に優《やさ》しい商品を選ぶという行為《こうい》がまずは考えられます。それだけにとどまらず、科学的な知識を駆使《くし》して、生活者の視点から実際にものづくりに取り組み、みんなが幸せになるであろう具体的な新しい形を見せてくれたのが、非電化冷蔵庫に象徴される数々の非電化製品なのです。

「あたたかい」とか「涼しい」ということばの中には、単に温度が高いとか低いといった意味だけではなく、「そのことが気持ちよい」という意味合いが含《ふく》まれているように思います。湯たんぽを使っているときの「ぬくもり」はその気持ちよさを実感できます。不快な感覚にはあまり「あたたかい」という言い方はせず、「なまあたたかい」「暑い」「暑苦しい」などと言うのがふつうです。また、「涼しい」にも、体に負担がかかるような寒さを伴《ともな》うことはなく、温度が低い方に変化することで快適であるというニュアンスが含まれています。

湯たんぽを使うことによって、その気持ちよさだけではなく科学技術についても考えるきっかけになりました。

湯たんぽを使うには、お湯を沸かしておける環境が必要です。電気ストーブやエアコンを暖房に使っていたら、湯たんぽを使うことはなかったでしょう。石油ストーブだからこそ、恒常的《こうじょうてき》にお湯を沸かすことができ、それを利用して温かく眠り、朝になったら適度な温度になった湯を洗面器にとって顔を洗えば、給湯器のスイッチを入れてお湯が出るまでの時間も、その間流れ出る冷たい水もむだになりません。布団《ふとん》は電気あんかで、朝の洗顔は給湯器でと、エネルギーを使うのではなく、湯たんぽというキーワードによって、合理的なエネルギーの使い方ができる、それもまた「技術」と言えるのではないでしょうか。

生活の中の必要性から「もの」を構想する、そのために「わたし」の中にある技術を駆使して本当に必要なものを特定することが、これから述べていく、「リビング・サイエンス的である」ということができます。

# 第6章　リビング・サイエンスの提案

## アウトソーシングから「インソーシング」な科学へ

アウトソーシングということばを聞いたことがありますか？　英語で書くと、out と sourcing となりますが、out は外側、source は源泉とか原因といった意味です。企業《きぎょう》において、通常は自社の組織が行っている業務であっても社外のより優《すぐ》れた能力などがあった場合、外部の資源を活用することです。自分たちの組織内で業務を行うよりもより高い成果が期待できるとか、その業務が一時的なものであるために自社で人材を育てたり雇用《こよう》したりするよりも経営的に有利であるという場合にそれを専門とするほかの会社などに依頼《いらい》するときに使うことばです。

ここで述べるのは、企業の経営的な意味やビジネス社会という限られた分野についてではないので、世の中一般《いっぱん》で使われている「アウトソーシング」の意味とはやや離《はな》れるかもしれません。しかしこれまで述べてきたことと関連させて、わたしたち生活者の手から離れたところで進行している科学技術を「科学技術のアウトソーシング」と位置づけ、逆に、技術の中心を少しでも生活の中に取り戻《もど》す「インソーシング化のすすめ」を提案したいと思います。インソーシングというのは、あまりにも外部に依存しすぎている現状をできるだけ自分たちの内部に取り戻したい、という方向性を表す造語です。合理的な経営を目的とした場合と同じく、生活においての「アウトソーシング化」も合理的と受け取られて広がってきたのですが、現在の生活ではそれがあまりにも進みすぎているのではないかと思います。

わたしたちは、自分たちの生活を成り立たせるために、家電製品や通信技術、食料生産や保存、加工技術を、「家庭の外」に依存しています。

食べ物のアウトソーシング化について考えてみましょう。食べ物は、農家や、特別に農地を借りることができる人でなければ、自分で田んぼを起こして米を栽培《さいばい》したり、畑を耕して野菜を栽培することができません。第1章の冒頭《ぼうとう》で触《ふ》れたとおり、わたしたちの生活は自分で一年中食品を調達できるわけではなく、多くを依存しています。食品は国内や国外の農家が生産したものを、流通システムによって、家の近くのお店まで運ばれてきたところを購入《こうにゅう》するわけです。手に入れるまでの過程を、「アウトソーシング」しているわけです。

社会は役割分担によって、農作物なら農家、電気製品なら電機メーカーというふうにその仕事を専門に行う「職業」という形態をとりながらお金を介《かい》してやりとりをしています。分業による効率化は豊かさをもたらしましたし、多くのものを手に入れることができるようになりました。それは必要なことではあったのですが、そのことが過度に進行していないでしょうか。〝もの〟だけではなく、安全やリスク（危険）に関することを政府や公共機関の判断に頼《たよ》りすぎることはありませんか？　自分なりに考えてリスクを回避《かいひ》する努力をしているでしょうか。科学技術に対して「アウトソーシング」をすることが当たり前になってしまい、生活を自分の感覚に照らし合わせて、考えたり吟味《ぎんみ》したりする作業を手放してきたと思います。

アウトソーシングに対する反意語でいまのところ一般的に確定したものはないようですが、ここでは「インソーシング」ということばを仮に使って「科学の内部化」について積極的にその方法を考えてみましょう。「どこをアウトソーシングするか」ではなく、今ある科学技術の中で、「どの部分がインソーシングできるか」について考えてみましょう。これは、前の章までに見てきた事例の総まとめです。現状を見つめて分析《ぶんせき》するだけではなく、今日《きょう》からどんな気持ちをもち、なにをしていったらよいのかを探《さぐ》っていきましょう。

## リビング・サイエンスの提案

科学の問題は、科学者に聞く。それは、間違《まちが》ってはいません。できるだけ、専門知を活用して分析や予測ができることは必要です。

ただし、一〇〇%の客観性などないことも知っておきましょう。多くの科学の成果を利用するとともに、科学技術に対して不安を抱《いだ》くことも増えました。原子力発電、電磁波環境《かんきょう》、加工食品の添加物《てんかぶつ》や遺伝子組《く》み換《か》え食品、気候変動（地球温暖化）などの環境問題、化学物質……。多くの問題が存在しています。

生活者自身が、科学や科学技術について知識を深めると同時に、不安を生じさせない科学技術のあり方はどのようなものなのかといったことも考えていくときなのではないでしょうか。

生活者がほんとうに求める科学・科学技術のあり方はどのようなものなのか、生活者と専門家、そしてまた異なる分野の専門家同士がそれぞれの専門性を生かしながら議論ができるフィールドが必要ですし、互《たが》いの活発な対話もなくてはなりません。多くの生活者が、不安を抱かなければならない科学技術がすでにあったとしたら、つねに「発展」のみを念頭においてきたこれまでの姿勢についても、もう一度考え直さなければならない場面も出てくるでしょう。

「生活者自身のための科学――リビング・サイエンス」、生活者と専門家とがともにつくり、実現させていく科学の姿を提案したいと思います。

## リビング・サイエンスの先駆者《せんくしゃ》たち

リビング・サイエンスなんて、ちょっと聞き慣れないことばかもしれません。それもそのはず、わたしたちはこの数年間、生活者のための科学の学びとはなにか、生活者がよりよく暮らせる科学の形はどのようなものかなど、いろいろな話し合いや研究会を重ねてきました。

科学は生活と切っても切り離せないはずである、生活の中に科学はたくさんある、生活している人がもっと自由に豊かに科学を使いこなすにはどうすればいいのか、生活している人が科学的な視点で物事を考えることができれば、もっとたくさんの工夫《くふう》や楽しさが生まれるのではないか……これらの考え方を表すことばはなにか……、

「リビング・サイエンスというのはどう?」

ということばが飛び出したのです。そしてわたしたち自身の研究会にも、「リビング・サイエンス・ラボ」と名付け、いよいよリビング・サイエンスの姿についての議論や試みをはじめました。

今までなかったことばですから、わたしたち自身も手探りですし、他の人にもわかるように伝える方法を作り出して行かなければなりません。

リビング・サイエンスとはなにか……。

「こんなふうなことじゃない」「あんなことも含《ふく》まれる」という議論を重ねているとき、

わたしたち以前にも、リビング・サイエンスという言い方ではないけれども、これに近いマインドを持った人がいたのではないか、という提案がありました。

何人もの名前が挙がるなか、明治時代の物理学者である寺田寅彦《とらひこ》と雑誌「暮しの手《て》帖《ちょう》」を創刊した編集者、花森安治《やすじ》の名前が挙がりました。

彼《かれ》らの考えていたことを見ていくと、リビング・サイエンスがどういうことか、リビング・サイエンティストとはどのような人を指すのか、考えるヒントとなるでしょう。

## 〝論理的な想像力〟の提案者　寺田寅彦

明治から大正にかけて大活躍《だいかつやく》した科学エッセイスト・寺田寅彦。彼は漱石《そうせき》の俳句のお弟子《でし》で、『我輩《わがはい》は猫《ねこ》である』に登場する理学士・水島寒月のモデルにもなりました。第一級の物理学者でありながら、「科学」「キネマ旬報《じゅんぽう》」「俳句研究」と、ジャンルというものにとらわれず、とにかくあちこちの雑誌にエッセイを執筆《しっぴつ》しています。

寺田寅彦（一八七八〜一九三五）は、「手作り実験《アナログ》」の達人でした。東京大学の実験物理学教授としてノーベル賞級の業績も上げていたのですが、たとえば、当時まだ証明さ

寺田寅彦（1929年撮影。毎日新聞社提供）

れていなかったウェゲナーの「大陸移動説」に真っ先に関心を示し、水あめとおしろい（！）を使って大陸移動のシミュレーションを行いました。

そんな寅彦の科学エッセイは、目の前の、ささやかでありながら具体的《リアル》な自然現象と、地球規模の壮大《そうだい》な自然現象やあるいは生命現象とを物理学の論理でつなごうとするものでした。

もっとも有名なエッセイのひとつ「茶わんの湯」は、大正一一年、児童文学雑誌「赤い鳥」に掲載《けいさい》されたわずか六ページの小品です。その中で寅彦は、熱湯が注がれた一個の茶碗《ちゃわん》を見つめることから、茶碗の中で生まれる温度差によって湯は循環《じゅんかん》し、その湯気の立ち方やお湯の流れ方に、竜巻《たつまき》や地球の大気の流れと同じ原理が働いていることを見いだします。

ほかにも線香《せんこう》花火や金平糖《こんぺいとう》などを素材に「日常身辺の物理学」に関する名エッセイを次々と執筆しています。そんな寅彦から〈リビング・サイエンティスト〉を目指す私たちが学びたいのは、その〝論理的《ロジカル》な想像力《イマジネーション》〟です。つまり、「茶碗の湯」から地球の大気循環に思いをはせるだけではなく、地球スケールの現象と同じことが、いま目の前の小さな器《うつわ》の中で起きているということに気づく感受性です。「日常《こっち》」から「地球《あっち》」にいくだけでなく、「地球《あっち》」から「日常《こっち》」にも戻ってくることで「日常《こっち》」の世界をもっと豊かにする。そんな〝論理的《ロジカル》想像力《イマジネーション》〟を駆使した思考の自在な往復運動は、寅彦が詠《よ》んだこの一句にもよくあらわれています。

「好きなもの
イチゴ珈琲《コーヒー》花美人
懐《ふところ》手にして宇宙見物」

寅彦は人間と自然の関係性にも強い関心を持っていました。一見非合理的な話でも「迷信」と切り捨てたりせず、人魂《ひとだま》を高圧放電から説明しようとしたり、日本の国づくり神話を地球物理学的に解釈《かいしゃく》したのです。

電線や水道、交通などのインフラ網《もう》が発達した近代社会では震災による混乱は以前に増して甚大《じんだい》になるのが明らかなのに、関東大震災《だいしんさい》後も、いっこうに対策が進まない状《じょう》況《きょう》に繰《く》り返《かえ》し警告を発していますが、その原因を寅彦は人間の忘れっぽさのせいと考えました。たとえば昭和八年に三陸地方で大地震と津波《つなみ》が発生し三〇〇〇人の死者を出した際も、その三七年前にまったく同じ災害が起きていたにもかかわらず、三七年の間に経験者の多くは死去し、かつての記憶《きおく》が薄《うす》れてきた頃《ころ》に再び悲劇は繰り返した、と述べています。こうした自然災害のタイムスパンの長さと、人間の記憶時間（と人生）の短さの比較《ひかく》から、この、あまりに有名なフレーズを後世に残したのです。

「天災は忘れた頃にやってくる」

## 高度成長期、激変する「家庭のテクノロジー」を徹底《てってい》検証した花森安治

雑誌「暮しの手帖」の名物企画「商品テスト」は、高度成長期に次々と家庭に導入された家電製品を中心に、消費者の立場から徹底的な使用テストを行い、絶大な支持を集

めました。しかし花森編集長が目指したのは、単なるメーカー叩《たた》きでなく、あくまでも「生産者に、いいものだけを作ってもらう」ためのものでした。

花森安治（1969年撮影。共同通信社提供）

花森安治（一九一一～七八）は、いわゆる科学者ではなく、一九四八（昭和二三）年に「暮しの手帖」を創刊した雑誌編集長です。文学史や思想史に名を残すわけではない生活情報誌の編集者である花森は、カリスマ編集長として文章やデザイン面での独自の柔《やわ》らかな美意識を貫《つらぬ》きつつ「本当に豊かな生活」のあり方をジャーナリスティックに模索《もさく》しました。彼の思考と実践《じっせん》をたどることは、今後のリビング・サイエンスのあり方を考えるのに、重要な示唆《しさ》を与《あた》えてくれます。

「暮しの手帖」の看板企画のひとつが、一九五四年（昭和二九年）にはじまった「商品テスト」です。一回目はソックスのテスト。「子ども用のウーリーナイロンの靴下《くつした》と、ナイロンを補強した木綿《もめん》の靴下、二十二種を買い集め、三カ月間、小学五年、中学一、三年の女生徒に毎日はかせ、洗濯《せんたく》の方法も回数も一定にして、試験したものだった。そして、『アナはあかない』『色はみなはげる』などと報告した」（酒井寛《ひろし》『花森安治の仕事』）

その後も、「暮しの手帖」は徹底した姿勢で「新しい日用品」の使用テストを続けていきました。そして日本社会は高度成長期をむかえ、「三種の神器」と呼ばれる家電製品を中心に、新しいテクノロジーが次々と生活の中に入《はい》り込《こ》んでいきます。昭和三〇年代にとり上げられた製品は、接着剤《せっちゃくざい》、ベビーカー、安全カミソリ、石油ストーブから電気洗濯機、電気冷蔵庫、電気掃除機《そうじき》まで多種多様です。このラインナップからも、いかに当時が家庭生活環境の激変期であったかうかがえますが、そのような時代を背景に、一般家庭のものの購入・利用の指針として「商品テスト」は絶大な影響力《えいきょうりょく》をもつようになりました。

高価な家電製品でもメーカーから借りたりせず、デパートと街の電気店でひとつずつ購入し、限りなく肉体労働に近い地道なテストを重ね、説得力をもってメーカー・商品の優劣《ゆうれつ》を容赦《ようしゃ》なく提示していきました。そして「商品テスト」は、消費者だけでなくメーカー側にも大きな影響力をもつようになったのです。

花森は、創刊一〇〇号（一九六九年）のコラム「商品テスト入門」の冒頭でこう記しています。「〈商品テスト〉は、消費者のためにあるのではない――このことを、はじめに、はっきりさせておかねばならない。」そして「〈商品テスト〉は、じつは、生産者のためのものである。生産者に、いいものだけを作ってもらうための、もっとも有効な方法なのである」と断言しています。

「暮しの手帖」が広告を一切掲載しなかったことから、表層的な部分で花森を反メーカー・反体制派とみる向きもあったようですが、花森はもっと広い視野で社会を見ていたのです。初版一万部だった雑誌は、ピーク時には九〇万部を売りました。

リビング・サイエンスは、「生活者のための科学」であることを目指すけれど、決して生産者や科学の専門家に対して非難や告発をすることが目的ではなく、あくまでも

「本当の豊かな生活」のあり方を、科学の視点から考え、対話していこうとするものです。そこでは、消費者、生産者、そして科学者の信頼関係が欠かせないものとなります。高度成長期とは科学知識の専門化が比較にならないレベルになっている現在においては、なおさらです。

このほかにも、わたしたちがリビング・サイエンティストの先駆者たちとしてお手本にしたい人はたくさんいます。海外では、アメリカの環境研究家で、『沈黙《ちんもく》の春』を書いたレイチェル・カーソン（一九〇七～一九六四）。有害化学物質の恐《おそ》ろしさを、はっきりと訴《うった》えました。彼女《かのじょ》の先駆者ともいうべきなのが、家政学の元祖、エレン・スワロー（一八四二～一九一一）です。生活環境の衛生水準を高めるための科学的活動を「エコロジー」と名付けて展開し、マサチューセッツ工科大学の女子学生としては初めて博士号を取得しました。

日本では、明治時代に西洋近代文明導入の一環として自然科学にも大いに注目していた福沢諭吉《ふくざわゆきち》（一八三五～一九〇一）の名が挙げられます。意外に思われるかもしれませんが、彼が物理学の基礎《きそ》を図解入りで解説した『訓蒙窮理図解《くんもうきゅうりずかい》』は、日常生活のさまざまな場面や道具を題材に科学を説明した、リビング・サイエンス入門書の先駆でもあるんです。

このように、リビング・サイエンスの考えかたは、決して突飛《とっぴ》なものでも珍《めずら》しいものでもありません。むしろ、心ある科学者・技術者は、みな、大なり小なりリビング・サイエンティスト的要素を兼《か》ね備《そな》えている、と言ってもいいのかもしれません。

## リビング・サイエンスとはなにか

ではリビング・サイエンスとなにか、その意味を考えていきましょう。

二〇〇三年一〇月。生活者から積極的に生活の中での科学について考えていく「リビング・サイエンス」について、わたしたちリビング・サイエンス・ラボがフォーラムを行いました。題して、「リビング・サイエンス宣言」。

その中で、参加者の人たちと「リビング・サイエンス」とはなにかをいっしょに考える時間を設け、「いままでの科学とリビング・サイエンスは本質的になにが違うか」と問いかけてみました。

　これに対する参加者の回答はさまざまで、「楽しみ、笑い、遊ぶ」「つなぐ」「離れていない」「丸ごととらえる」などなど。「感覚的」なことばが次々に飛び出しました。わたしたちがイメージしていたのは、個別のテーマを扱《あつか》うだけではなく、身の回りにあるたくさんのものの関係の中から、おもしろさを発見していく、あらゆるもののつながりを意識していくその担《にな》い手《て》は、科学者などの専門家だけではなく、一般の人も含めたすべての人ということです。

　そんな中、参加者のひとりが出した、「わたしが問われる」という回答はとても興味深いものでした。その回答者に改めてその意味を聞いてみると、

「今までの科学は、だれかが研究したり発明したりしているものを、見ていればよかった。成果は、受け入れていればよかった。どちらかというと、成果を受け入れるだけで、目指すものとか方向性などは自分ではあまり考えなくてすんでいたと思います。だけど、リビング・サイエンスは、自分でおもしろいと思ったもの、重要だと思ったものを自分で考え、必要ならそれらの関係をつなぎ、方向性も決定づけていかなければならないと

思う。それは、結局は、自分がどんな生き方をしたいか、どれくらい考えたうえで選び取っているかを問われることではないでしょうか」

まさにわたしたちが目指した科学技術に対する考え方を表現しています。

この発言に代表されるように、今までわたしたちは、「科学」をむずかしいものとしてとらえ、科学のことは科学者たちにまかせておけばよいと考えてきました。それに対して、今こそわたしたち自身が主体者になるときであるということなのだと思います。

回答の中には、「論文いらず」というものも。「実践が大事」ということを皮肉を込めて表現しています。科学者は、自分の研究領域とかその学会において、研究を行い論文を書くことで評価され成果を認められてきました。それらの論文は、近いテーマに興味を持つ研究者同士では共有され、評価されますが、わたしたち一般の市民にとっては、どこか遠くにあることでした。リビング・サイエンスでは、論文を記すことは求めず、その人のアイデアや実践を大切にし、同じ成果を欲《ほっ》している人にきっと役立つことこそ大事だと感じた人の意見です。暮らしの中で気づいた疑問、自分なりの工夫、それがリビング・サイエンスの軸《じく》になるものです。

「天井《てんじょう》を高くしていくこと」。なかなか哲学的《てつがくてき》な答え方です。これは、「論文いらず」という答えと共通するところがありそうです。これまでの枠組《わくぐ》み、範囲《はんい》を取《と》り払《はら》って、どこまでも追いかけていくということでしょう。

おもしろい答えは、「泡《あわ》と波」でした。

泡は小さい一つひとつのもので、限られた範囲のことを扱っているとたとえ、その泡がいくつもいくつも、それこそ無数に集まって大きなうねりをつくっていく、そのうねりこそが、リビング・サイエンスであると、考えたのだと思います。さて、みなさんの中にも、リビング・サイエンスのイメージがわいてきたでしょうか?

## 学問の垣根《かきね》を越《こ》えたアプローチを

生活は連続したものであると述べました。それに対して、学問はそれぞれの専門性にしたがって研究が積み重ねられてきました。物理学や化学、生物学、法学や経済学、医学、栄養学……。世の中にはたくさんの学問分野が存在します。

これらの学問の積み重ねは多くの知見を生み出し、社会に影響を与えてきました。ただ、生活が連続しているということに照らし合わせると、専門分化という形態は必ずしも人の暮らしの現実を視野に入れたものではないことも事実です。専門家同士の対話が十分になされる態勢にはなっていないことも、その理由のひとつです。

工業製品に用いる化学物質が人体や農作物に及《およ》ぼす影響について考えるとき、ここにはどの分野の専門家を呼べばいいのでしょうか？　化学でしょうか？　工学でしょうか？　医学でしょうか？　もうお気づきだと思いますが、これは一部の分野だけでは処理しきれない問題です。化学でもあり、工学でもあり、医学でもあるでしょう。また農作物に影響があるのなら、農学であり生物学でもあります。気象や地質といった知識も必要になるかもしれません。それなのに、それぞれの分野の専門家の対話が成立しないとしたら……。この問題は、野球で言えば「ライト・センター間」にぽとりと落ちてしまいます。ぽとりと落ちた地点にいるのは、わたしたち生活者です。

リビングとは、暮らすことであり生きることを意味します。リビング・サイエンスでは、学問領域の垣根を取り払って、そのときどきのテーマに関係する多くの専門家が知っていること、検証の方法を持ち寄って、知見を結びつける場が必要だと考えています。

## 生活者だって、専門家とどんどん話そう

どんな暮らしがしたいのか、そのためにどんな科学技術がほしいのか。それを知っているのは、わたしたち一人ひとり。そして、実際に科学技術を使って将来の生活や社会をつくっていくのも、わたしたち一人ひとりです。そして便利さを受け取るだけではなく、科学技術が生み出す不安をも同時に感じているというのが、今日《こんにち》のわたしたちと科学技術の関係です。

自分が今日食べているものは安全か？　今日や明日《あす》、一〇年後、二〇年後に生命や健康にかかわる影響が出ることはないのか……？

そんな不安を、「ただの不安」として放置していませんか。「ただ漠然《ばくぜん》と不安だから」と不安の原因になるものを遠ざけて暮らすのも窮屈《きゅうくつ》です。個人の力だけで遠ざけることので

きないこともたくさんあります。

このような生活をトータルした視点を具体的に提示できるのは、切実な思いを抱くことができるわたしたち生活者です。

最初の小さな疑問や不安を放置することなく、積極的に周囲の人と話し合って心の中のことから社会全体のこととして向き合っていくことが、「生活にほんとうに役立つ」科学を実現するための大きな一歩となるでしょう。

そして、生活者同士で「不安、不安」と言い合っているだけではなく、開発した人や同じように懸念《けねん》を表明している専門家たちと意見を交《か》わしてみましょう。専門家の考えをよく聞くと同時に、生活者の立場からはどのように感じるのか、なぜ不安と思うのかなどを伝えることによって、専門家や技術者の開発に対する姿勢も変わってくるにちがいありません。

## 生活者のための科学の学びをつくっていこう

生活者と専門家の対話を実現しようとしても科学の用語がまったく理解できない、というのでは話し合いや交流はできません。たとえば、基礎的《きそてき》な知識がなければ料理のレシピも機械のマニュアルも理解できないのと同様、科学の基礎的な知識は必要です。時間やグラム、メートルという単位、周波数やミリグラムよりももっと小さい重さの単位など、少し勉強すればわかる範囲のことについては生活者自身も学ぶ必要があります。学ぶ意欲をもって、互いに理解し合おうという姿勢になっていれば、信頼関係を築く一歩となるでしょう。

シロウトであっても勉強をすればよいか？　答えはイエスですが、これは口で言うほど簡単でないことは、第4章で見てきました。

わたしたちが科学について学ぶ場をもっと充実《じゅうじつ》させていくことも必要です。学校の理科だけではなく、科学館や科学博物館で大人《おとな》が科学を学べるプログラムの提供が行われれば、家族同士、友人同士の科学に関する話題がもっと豊かになるかもしれません。

社会を形成しているわたしたちが、身の回りにある科学技術の成果についてバランスの良い情報を手にし、いま知りたい問題について的確に解説や資料の提供が行われている場をもっと充実させていくことが必要でしょう。

そんな中で、生活に根ざした科学の学び、「リビング・サイエンス」を実現するためには、評価が定まっていない問題や、科学技術における論争、専門家同士の意見の違い、未来の科学技術のあり方について、生活者一人ひとりが自分のこととして考えることから始まります。学び、対話し、できることから実践に移せる「一人ひとりのための科学」をつくっていくことが、まず必要なのです。

## 一人ひとりが主役の、科学&社会をつくるために

今まで科学技術は、大学や研究所、企業、そして国などがおもな担い手でした。二〇世紀に入ってから、二度の世界大戦とそれに続く冷戦は、国の威信《いしん》をかけての科学技術競争を過熱させました。一九六〇年代にアメリカとソ連の間で繰り広げられた宇宙開発競争などが、その典型的な例です。科学技術は国のものだった、と言ってもいいかもしれません。

一九九〇年代になって冷戦が終わり、民間企業の科学研究も成果が出始めるようになりました。ヒト・ゲノム計画の一番乗りは国同士の競争ではなく、欧米日《おうべいにち》の政府主導国

際プロジェクトと、アメリカの民間ベンチャー企業との先陣争《せんじんあらそ》いでした。宇宙競争と比べると、担い手の構造が大きく変わっていることに気づきます。

さて、二一世紀。この先、科学のおもな担い手はどうなっていくのでしょうか？　もちろん、国家や企業が大きな研究プロジェクトを動かしていく部分は残るでしょう。宇宙ステーションの開発などは、国家規模の予算と組織でないと遂行《すいこう》できません。

ですが、今までよりも個人の比重がうーんと大きくなることも、間違いないと思います。科学技術の実験装置が小型化して安価になり、研究情報もインターネットなどで収集できるようになると、大きな研究組織でなくても研究が可能になる領域が増えてくるからです。実際、電化製品や自動車など、さまざまな工業製品の製作過程でユーザーのニーズを取り入れることは、もはや当たり前になっています。医療《いりょう》現場でも、患者《かんじゃ》と医者のコミュニケーションが重視されるようになってきました。生命科学や心理学などの基礎研究でも、人々に直接影響を及ぼす可能性が高い場合には、研究を始める前に社会的な影響や倫理《りんり》的《てき》な側面についてのチェックが必要と考えられるようになってきています。

今後、科学技術における個人の役割と位置づけは、ますます増加することはあっても、少なくなることは決してないと思います。それは一方で、悪い面ももっています。先端《せんたん》技術を駆使《くし》した犯罪が容易になり、だれもが悪用することが可能になるからです。犯罪とまではいかなくても、すでにインターネットの世界ではさまざまな新しいモラルの必要性が叫《さけ》ばれています。

もはや科学技術は、社会の一部として完全に組み込まれました。それだけに、科学技術の専門家は自分たち以外の社会にとって自分たちの研究や製品がどういう影響を及ぼすのかを常に考えないといけませんし、生活者は単なるユーザーではなく科学技術の担い手として参画しているのだということを自覚しなければいけません。面倒《めんどう》くさいなあと思う人もいるかもしれませんが、ある意味、これはしようがないことなのです。

お金を使うことは、今は当たり前になっていて、だれもがお金を大事にしますし、盗《ぬす》まれたり不正に使われないように気をつけています。だけど、貨幣《かへい》経済が始まったころには、そのような意識は広まっていませんでした。面倒くさいなあ、物々交換《こうかん》の方がわかりやすくて良いのに、と思っていた人たちも多かったと思います。だけど今や、好むと好まざるとにかかわらず、お金を大事にすることを面倒くさがっていては生きていけません。そういう社会になってしまったのです。

科学技術も、このお金と同じようになりつつあると考えられます。お金に比べれば、まだまだ新参者ですから、完全に生活の一部になるには、だいぶ時間がかかるでしょう。それまでには、いろいろトラブルも続くことと思います。お金をめぐるトラブルだって、今でもしょっちゅう起こっていますもんね。だけど、そう遠くない将来、科学技術が完全に生活の一部になって、だれもが自分なりの価値観や人生観に合わせて科学技術と付き合っていく社会になることは、間違いないと思います。

リビング・サイエンスという考え方は、そういう世の中で快適かつ安全に暮らしていき、自分の夢をかなえるために科学技術を使うためのひとつの手がかりです。この手がかりをみなさんが有効に活用して、さらにパワーアップさせていくことを祈《いの》っています。

SCIENCE

# 参考文献


アーノルド・パーシー著（林武監訳）『世界文明における技術の千年史』新評論

池内了《さとる》『科学・技術と社会』放送大学教育振興会《しんこうかい》

欧州環境庁《おうしゅうかんきょうちょう》編（松崎早苗《まつざきさなえ》監訳）『レイト・レッスンズ　14の事例から学ぶ予防原則』七つ森書館

酒井寛《ひろし》『花森安治の仕事』朝日新聞社

宿谷昌則《まさのり》『自然共生建築を求めて』鹿島《かしま》出版会

杉山滋郎《しげお》『日本の近代科学史』朝倉書店

鈴木明『人物・化学技術史』日刊工業新聞社

ダイオキシン・環境ホルモン対策国民会議・予防原則プロジェクト編・著『公害はなぜ止められなかったか』

立松和平『毒』東京書籍《しょせき》

寺田寅彦著、池内了編『科学と科学者のはなし：寺田寅彦エッセイ集』岩波少年文庫

西村肇《はじめ》、岡本達明《おかもと》『水俣病《みなまたびょう》の科学』日本評論社
農山漁村文化協会編『聞き書ふるさとの家庭料理第16巻 味噌《みそ》 豆腐 納豆《なっとう》』農山漁村文化協会
藤村靖之《ふじむらやすゆき》『エコライフ&スローライフを実現する愉《たの》しい非電化』洋泉社
ヘンリー・ペトロスキー著（忠平美幸《ただひらみゆき》訳）『ゼムクリップから技術の世界が見える』朝日選書
ヘンリー・ペトロスキー著（忠平美幸訳）『フォークの歯はなぜ四本になったのか』平凡社《へいぼんしゃ》
星野芳郎《よしお》『技術と文明の歴史』岩波ジュニア新書
松本哉《はじめ》『寺田寅彦《とらひこ》は忘れた頃《ころ》にやって来る』集英社新書
宮崎玲子《みやざきれいこ》『台所から覗《のぞ》く北の国と南の国』原書房
村上陽一郎『科学の現在を問う』講談社現代新書
山内一也『狂　牛　病《きょうぎゅうびょう》　正しい知識』河出書房新社
「遺伝」二〇〇五年一月号
「市民科学」二〇〇五年七月号

「ソトコト」二〇〇三年一〇月号別冊「チビコト」
「ソトコト」二〇〇四年一〇月号別冊「チビコト」
「つぶつぶ」創刊一号 いるふぁ発行、㈱メタ・ブレーン発売
池内了 環境goo Web講義 第一回『環境の捉え方と科学者の役割』
http://eco.goo.ne.jp/business/csr/lesson/apr00.html

［初出について］
第6章
〝論理的な想像力〟の提案者 寺田寅彦：「ソトコト」二〇〇三年一〇月号別冊「チビコト」
高度成長期、激変する「家庭のテクノロジー」を徹底検証した花森安治：「ソトコト」二〇〇四年一〇月号別冊「チビコト」
いずれも、初出時の原稿を改変して収録。

## リビング・サイエンスについて考えを深めるためのブックガイド

**＊全般——リビング・サイエンスという考えかたについて、理解を深めるのに助けとなる本**

E・F・シューマッハー『スモール　イズ　ビューティフル』講談社学術文庫

レイチェル・カーソン『センス　オブ　ワンダー』新潮社

佐倉統《さくらおさむ》、木野鳥乎《とりこ》『わたしたちはどこから来てどこへ行くのか？』ブロンズ新社

L・シャピロ『家政学の間違《まちが》い』晶文社

**＊科学史・技術史——温故知新。科学や技術のあゆみを知ることで、人（自分）と科学、人（自分）と技術について考えを深めるときに助けとなる本**

杉山滋郎《すぎやましげお》『日本の近代科学史』朝倉書店

原克《かつみ》『ポピュラーサイエンスの時代——20世紀の暮らしと科学』柏書房

アイリック・ニュート『世界のたね』日本放送出版協会
アイリック・ニュート『未来のたね』日本放送出版協会

**＊リビング・サイエンティストたちの軌跡《きせき》**

寺田寅彦《とらひこ》著、池内了《さとる》編『科学と科学者のはなし　寺田寅彦エッセイ集』岩波少年文庫
松本哉《はじめ》『寺田寅彦は忘れた頃《ころ》にやって来る』集英社新書
唐澤平吉《からさわへいきち》『花森安治の編集室』晶文社
R・クラーク『エコロジーへのはるかな旅』ダイヤモンド社

**＊生活・住居・食――身近な科学や技術である食や住居に関する工夫や、これからあるべき姿を考えるときに助けとなる本**

左巻健男《さまきたけお》、稲山《いなやま》ますみ『科学的に正しい料理のコツ』日本実業出版社
宿谷昌則《しゅくやまさのり》『自然共生建築を求めて』鹿島出版会

赤池学、金谷年展《かなやとしのぶ》『世界でいちばん住みたい家』ＴＢＳブリタニカ

**＊生命・環境・身体――環境や生命を見つめることで、わたしたち自身の姿や進む方向について考えるときに助けとなる本**

レイチェル・カーソン『沈黙《ちんもく》の春』新潮文庫
秋山眞芸実《まきみ》『ムラセ係長、雨水で世直し！』岩波書店
最相《さいしょう》葉月『いのち 生命科学に言葉はあるか』文春新書
古田ゆかり『環境スペシャリストになるには』ぺりかん社

**＊テクノロジーと生活世界――専門性の高い知識や技術であっても、小さな成果の積み重ねであることを知り、さまざまな工夫や努力によって成り立っていることを知るときに助けとなる本**

山崎昶《やまざきあきら》『家庭の化学』平凡社新書

共同通信社編集委員室『和紙とケータイ　ハイテクによみがえる伝統の技』草思社
小関智弘《ともひろ》『町工場・スーパーなものづくり』ちくまプリマーブックス
高木仁三郎《じんざぶろう》『元素の小辞典』岩波ジュニア新書

＊取材にご協力いただいた会社

味《あじ》の素《もと》株式会社　http://www.ajinomoto.co.jp/
味の素冷凍《れいとう》食品株式会社　http://www.ffa.ajinomoto.com/
株式会社　ソニー・コンピュータエンタテインメント　http://www.scei.co.jp/

## リビング・サイエンス・ラボについて

この本の企画《きかく》の母体となった「リビング・サイエンス・ラボ」は、科学・技術のあり方を生活者の視点でとらえ直すという立場から、専門化している科学・技術の世界を、領域を越《こ》えて広く共有化できるようなサイエンス・コミュニケーションやリテラシーを実現しようと、さまざまなメディアや交流の場を通して活動しています。

その活動は次のような宣言に基《もと》づいて進められています。

### ■リビング・サイエンス宣言

**①科学の知識を再編集していこう**

わたしたちの暮らす世界を、科学・技術の視点からとらえ直す方法を研究・提案します。

**②科学と技術のあり方を問い直そう**

科学の成果を享受《きょうじゅ》するのは自分たち自身であるという考え方に基づいて、現在の科学・

技術のあり方を、社会的な「ニーズ」という視点からとらえ直します。

③ **学問の垣根《かきね》を越えて、世界全体をとらえよう**

今まで理系の枠《わく》にあった自然科学だけではなく、人文・社会科学の知見も積極的に取り入れ、従来の学問の枠にとらわれず、学問領域を自由に横断します。

④ **科学の専門家と市民のネットワークをつくろう**

科学・技術を生み出す立場（専門家）と、利用する立場（非専門家）のネットワークをつくり、問題意識や情報を共有する「場」を目指します。

⑤ **科学の楽しい学び方を探《さぐ》っていこう**

日々の暮らしの中で感じる違和感《いわかん》や不思議、不安をきっかけとして、生き生きと楽しく科学を学べる手法をデザインします。

**■これまでの主な活動内容（二〇〇六年六月現在）**

1.「リビング・サイエンス・フォーラム」の開催《かいさい》（交流の場づくり）

第一回　二〇〇三年一〇月三〇日「リビング・サイエンス宣言」

第二回　二〇〇四年三月四日「リビング・サイエンスのシーズとフィールドの探索《たんさく》」
第三回　二〇〇四年七月二七日「食のリスクを問い直す――BSEパニックの真実」
第四回　二〇〇四年一一月二九日「携帯《けいたい》電話から見える現代社会」
第五回　二〇〇五年九月二八日「科学館の新しい使い方――ハコモノからコミュニケーションの場へ」
第六回　二〇〇六年三月二七日「オール電化はほんとうにエコなのだろうか?」

2. 月刊「ソトコト」別冊「チビコト」による情報発信
第1号　二〇〇三年一〇月号　特集:リビング・サイエンス宣言
第2号　二〇〇四年一〇月号　特集:リビング・サイエンス的BSE迷宮《めいきゅう》からの脱出《だっしゅつ》

3. 助成研究の実施《じっし》
科学技術振興《しんこう》機構（JST）公募《こうぼ》型《がた》プログラム「社会システム/社会技術論」による助成研究『生活者の視点に立った科学知の編集と実践的《じっせんてき》活用』の実施
（研究代表者上田昌文、二〇〇四年一二月~二〇〇七年一一月の三カ年）

■コアメンバー

佐倉　統《おさむ》（東京大学大学院情報学環助教授）
上田　昌文《あきふみ》（NPO法人市民科学研究室代表）
古田　ゆかり（フリーライター、NPO法人市民科学研究室）
松丸　淳生《あつお》（編集者）
渡辺　保史《やすし》（ライター・プランナー、智財創造ラボ・シニアフェロー）
町野　弘明（㈱ソシオエンジン・アソシエイツ代表）
服部　直子（㈱ソシオエンジン・アソシエイツ副代表）
高峯　高（㈱ソシオエンジン・アソシエイツ　プロデューサー）

■URL

リビング・サイエンス・ラボ
http://www.livingscience.jp/

■問い合わせ先

㈱ソシオエンジン・アソシエイツ
〒107-0062　東京都港区南青山1-20-15　ROCK1st・3F
TEL：03-5775-7670　FAX：03-5775-7671
URL：http://www.socioengine.co.jp/
E-mail：info@socioengine.co.jp

chikuma primer shinsho

ちくまプリマー新書038

おはようからおやすみまでの科学《かがく》

二〇〇六年六月十日　初版第一刷発行
二〇二五年二月十日　初版第十刷発行

著者　佐倉統（さくら・おさむ）
古田ゆかり（ふるた・ゆかり）
リビング・サイエンス・ラボ

装幀　クラフト・エヴィング商會

発行者　増田健史

発行所　株式会社筑摩書房
東京都台東区蔵前二－五－三　〒一一一－八七五五
電話番号　〇三－五六八七－二六〇一（代表）

印刷・製本　中央精版印刷株式会社

ISBN978-4-480-68739-5 C0240 Printed in Japan